本书出版受到以下课题资助：

浙江省自然科学基金项目（项目编号：LQ18G020004）

浙江省哲学社会科学规划项目（项目编号：19NDQN298YB）

国家自然科学基金项目（项目编号：71472003）

转型经济中企业家社会资本影响企业创新能力提升的内在机制研究

张素平◎著

浙江大学出版社
ZHEJIANG UNIVERSITY PRESS

图书在版编目（CIP）数据

转型经济中企业家社会资本影响企业创新能力提升的内在机制研究 / 张素平著. —杭州：浙江大学出版社，2020.12
ISBN 978-7-308-17720-7

Ⅰ.①转… Ⅱ.①张… Ⅲ.①企业家—社会资本—影响—企业创新—研究—中国 Ⅳ.①F279.23

中国版本图书馆 CIP 数据核字（2017）第 318741 号

**转型经济中企业家社会资本影响企业
创新能力提升的内在机制研究**

张素平　著

责任编辑	杨利军
责任校对	陈 翮 陈 欣
封面设计	闰江文化
出版发行	浙江大学出版社
	（杭州市天目山路 148 号　邮政编码 310007）
	（网址：http://www.zjupress.com）
排　　版	杭州中大图文设计有限公司
印　　刷	广东虎彩云印刷有限公司绍兴分公司
开　　本	710mm×1000mm　1/16
印　　张	14.25
字　　数	205 千
版 印 次	2020 年 12 月第 1 版　2020 年 12 月第 1 次印刷
书　　号	ISBN 978-7-308-17720-7
定　　价	52.00 元

前言

　　随着创新需求资源日益庞大,单纯依靠企业内部资源已难以满足创新需要,外部资源的有效利用成为影响创新成败的关键因素。作为连接企业与外部组织的关键"桥梁",企业家依托所嵌入的社会网络可动员的社会资本,形成企业获取外部资源的渠道,从而对企业创新能力的构建与提升具有重要作用,这在当前转型经济背景下尤为突出。以往研究大多肯定了企业家社会资本对创新能力的积极影响,但对于企业家社会资本以什么样的方式、在什么条件下有效提升企业创新能力这一重要的理论问题,探讨尚有不足。

　　为此,本书围绕"企业家社会资本如何影响企业创新能力提升"这一基本问题,通过探索性案例研究、统计分析等多种研究方法尝试揭开企业家社会资本影响企业创新能力的"黑箱"。针对这一基本问题,本书将逐层深入地开展三方面的研究:

　　(1)通过探索性案例研究,分析企业内外部资源获取机制对企业创新能力的影响,初步形成企业家社会资本通过资源获取提升创新能力的作用框架。

　　(2)通过统计分析,明确知识类资源获取、资产类资源获取在企业家社会资本与创新能力之间的中介作用。

　　(3)探讨企业家精神和不良竞争对企业家社会资本与创新能力之间关系的影响。

本书主要得出以下三点基本结论：

（1）企业内部资源积累与外部资源获取相互补充，共同影响企业创新能力提升。在既定的内外部资源相互补充、共同促进创新的认识下，发现企业家是把潜在的内外部资源互补性转变为企业现实创新能力的关键因素。企业家通过其所构建的社会资本把外部环境中的资源转换为可得的资源（accessible resources），并进一步内化为企业资源，用以填补现有的创新资源缺口，进而影响创新能力提升。在企业发展的初创阶段与快速成长阶段，企业家社会资本的这种作用尤为重要。

（2）企业家社会资本不同维度均对企业创新能力有正向效应，并且部分效应通过资源获取的中介作用发挥影响。资源获取对企业家政治资本与创新能力间关系起到完全中介的作用，而对商业资本与创新能力间关系起到部分中介作用，即：企业家商业资本不仅能够直接提升创新能力，而且能够通过获取外部知识与资产类资源的方式间接提升企业创新能力；而政治资本则必须通过资源获取才能有效提升企业创新能力。

（3）洞察了企业内部环境与外部环境分别对企业家社会资本与创新能力间关系的调节作用，发现内、外环境要素在企业家社会资本提升创新能力的过程中发挥着显著不同的效应。企业家精神作为企业内部环境重要因素，有利于促进商业资本对创新能力的提升作用，却削弱了企业家政治资本与创新能力之间的正向关系。考虑转型经济特征之一是企业面临的制度及环境的不确定性，具体选择不良竞争（dysfunctional competition），分析其对企业家社会资本与创新能力间关系的影响。研究发现：不良竞争对企业家商业资本与创新能力提升间关系具有正向调节作用，而对政治资本与创新能力间关系没有显著影响。

本书在以下方面深化和拓展了现有研究：

（1）识别了"资源获取"在企业家社会资本与创新能力间的中间转换作用，揭开了社会资本影响企业创新能力提升的"黑箱"，丰富了基于社会资本理论对企业能力构建的研究。在前人更多关注社会资本与组织能力间直接效应的研究基础上，深入探讨了企业家社会资本提升创新能力的内在作用机制。社会资本理论认为：企业家基于外部利益相关者所建构的关系扮演的是"渠道"（conduit）角色。但这种渠道仅仅提供企业获取外部资源的可能性与机会，而如何将可能性转化为现实的创新能力仍不明确。本书基于资源管理视角，引入"资源获取"这一变量，探讨了企业家社会资本提升企业创新能力的内在机制，即：企业家社会资本必须转化为现实的企业知识与资产才能有效提升企业创新能力。

（2）洞察了企业家社会资本提升创新能力过程中企业内部环境因素的作用，增进了对企业家社会资本促进创新的企业内部条件的理解。针对现有研究在解释企业家社会资本与创新能力间关系时，较少关注组织内部情境要素的影响这一不足，本书从战略导向的视角将企业家精神作为内部情境要素引入研究模型，探讨企业家精神对企业家社会资本与创新能力间关系的影响。研究发现：企业家精神对于企业家商业资本和政治资本与创新能力间关系分别具有相反的调节作用，说明利用不同维度的企业家社会资本时，要同时关注企业内部情境因素的状态。这一研究结论在一定程度上深化了对企业家社会资本作用情境的理解。

（3）探索了企业外部环境因素对企业家社会资本提升创新能力的影响，具体检验不良竞争对两者关系的影响，这为研究转型经济背景下企业成长问题做出了些许贡献。在不良竞争条件下，以企业外部利益相关者关系为核心的企业家商业资本在提升创新能力过程中发挥了更重要的作用。有趣的是，其对政治资本与创新能力间关系没有显著影响，这可能表明以企业家与政府关系为核心的政治资本难以弥补市场不完善带来的创新无效，也说明了完善市场竞争机制是企业有效创新的关键条件。这一研究发现表明，转型经济中存在的制度不确定性迫使企业寻求其他方式来降低创新风险与机会主义行为，而企业家社会资本的建构在一定程度上为企业有效创新提供了制度不完善条件下的非正式治理手段。

本书的顺利完成得到了许多学术领域和实践领域的专家的指导与大

力支持。首先，衷心感谢我的导师许庆瑞院士。在本书写作过程中，许老师在选题、研究设计等方面给予了大量的细致指导，并不断地帮我修改和提炼书稿，鼓励我扎实做好研究。其次，要感谢郭斌教授对本书的写作所提出的精辟意见和宝贵建议，使我获益颇丰。同时感谢吴晓波教授、张钢教授、魏江教授、陈劲教授、赵晓庆副教授、信雅达程凯林经理对本书研究设计和研究内容提出的建议。

在此，还要特别感谢浙江省自然科学基金项目(项目编号 LQ18G020004)、浙江省哲学社会科学规划项目(项目编号 19NDQN298YB)、国家自然科学基金项目(项目编号 71472003)对本研究工作的支持。感谢参与调研的企业的大力支持，使得我们获取了丰富的一手资料。

此外，感谢我所在的杭州电子科技大学管理学院各位领导以及战略与营销系各位同仁的支持和帮助。

最后，感谢家人的支持和理解，使我能够顺利完成本书写作。

由于时间和精力有限，书中难免存在疏漏与不足之处，期待各位学者、专家和读者批评指正。希望本书能为转型经济背景下激励企业走创新驱动发展道路尽一份绵薄之力。

张素平

2020 年夏于杭州电子科技大学

目录

1

绪 论

1.1 研究背景及问题的提出

在科技迅猛发展和全球化进程不断深化的今天,创新已经成为企业获取和维持竞争优势的必需而非备择手段,是我国经济发展与社会进步的重要推动力。从 1990 年代中后期开始,我国明确企业作为创新主体的地位,经过 20 余年发展,我国出现了一批优秀的创新型企业,如华为、百度、阿里巴巴等。但是,在认识到企业创新对经济发展重要意义的同时,我国企业创新存在的问题不容忽视。现阶段,"转型和创新风险大"是企业转型升级过程中面临的主要障碍之一(中国企业家调查系统,2013,2015;陈劲,2014),具体表现为:转型经济背景下不完善的市场制度抑制了企业创新的积极性,增加了企业创新的风险(张春霖,曾智华,马科,等,2009;中国企业家调查系统,2015)。而外部环境对企业创新活动的影响必须通过企业家的战略决策体现在行为上。这一过程除了受到企业家个人特征(先前工作经验、创业经历、专业背景等)影响,更重要的是受到企业家从所嵌入的社会网络中获取资源或信息的能力的影响(陈爽英,井润田,龙小宁,等,2010)。

转型背景下,企业家社会资本作为一种非正式治理机制,一定程度上可以缓解正式制度不完善给企业创新活动带来的不利影响(Luo,Huang,Wang,2011)。尽管有研究指出,随着控制和指导市场交易的理性——法制系统的完善,管理者纽带的作用会被削弱,事实上,非正式关系仍渗透在我国的社会、经济、政治、文化等各个方面,仍在发挥着重要作用。管理者纽带作为高管团队构建的与外部利益相关者的非正式关系,是创新领域学者和企业界不能忽视的重要因素(郭海,2010;Zheng,2010;Luo,Huang,Wang,2011;Shi,Markóczy,Stan,2014)。

1.1.1　实践背景

改革开放以来,我国的经济发展取得了举世瞩目的成绩。从 1978 年到 2011 年,我国经济以年均 9.68％的速度在增长。2012 年中国经济总量达到 8.25 万亿美元,排名世界第二(中华人民和共和国国家统计局,2013)。这种增长主要呈现以下特点:

第一,投资驱动。从 2003 年到 2010 年,我国经济增长量年均 54％来自投资的贡献,尤其是政府推动、主导的大规模投资。在"十一五"期间,投资年均增长 21.9％,远高于 GDP 的增速 11.2％。然而,投资带来的效益却呈现出下降的趋势。2009 年,投资效果系数(GDP 增加额/固定资产投资额)仅为 12％,与 1996 年相比少了 33％。

第二,以代工为基础的出口拉动。1980 年中国进出口总额为 381.4 亿美元,到 2011 年已经达到 36418.6 亿美元。相应地,我国经济外贸依存度(进出口总额/GDP)也由 1980 年的 12.8％上升到 2011 年的 50.1％,其中 2006 年达到 67％的高峰(孙韶华,2012)。而出口主要是以利用我国廉价的劳动力为国外企业代工产品的方式。

目前,这种主要依靠投资和代工产品出口驱动的经济发展方式正面临着日益严峻的挑战。一方面,能源以及环境压力凸显,中国经济发展面临着高耗能、高污染、高成本的"三高"发展瓶颈。另一方面,国际经济形势动荡导致外部需求低迷,同时国内的低成本优势逐渐消失,以出口驱动的经济增长模式难以维持。因此,这种以低价劳动力为比较优势,结合高储蓄基础上的高投资,以代工产品出口带动的经济快速增长并不具有可持续性,我国迫切需要转变经济发展方式。

事实上,自从改革开放以来,大约平均每十年我国经济发展方式的问题就有一次自中央到地方、从业界到学界的大讨论,分别发生在 1980 年代中期、1990 年代中期和 2006 年前后(据汪应洛院士在 2009 年中国工程管理论坛上的报告)。2010 年胡锦涛在十七届五中全会上提出把科技进步和创新作为加快转变经济发展方式的重要支撑。唯有通过自主创新培育真正的核心力量,才能够获得经济建设所需的真正核心技术,才能转变经济发展方式。

我国转变经济发展方式的根本落脚点是微观企业。从微观企业层面来看,我国大量企业走的仍然是高耗、低效、高污染、低附加值、无自主品牌的发展模式,企业自身价值链非常脆弱。近年来,在劳动力、原材料等成本不断上升,世界经济低迷,国际贸易摩擦日益频繁的背景下,我国企业这种粗放的、低附加值的发展模式已经难以维持企业的发展。以我国服装制造企业为例,继 2009 年耐克关闭在中国的唯一一家鞋类生产工厂后,阿迪达斯在 2012 年也终止了与我国部分企业的合作。我国企业以代工赚取微薄利润的经营模式难以维持下去,转型势在必行。企业唯有积极开展创新活动、建立自主品牌才能实现转型,进而获得企业可持续的竞争优势(Amsden,1989)。

从 1990 年代中后期开始,我国推出了一系列的政策来支持企业开展创新活动。在这一过程中,企业作为创新主体的作用逐渐得到了体现。从投入角度来看,2005 年我国企业投入的研发费用占总研发费用的 68.3%,到了 2012 年,企业研发支出占比达到 76.2%;从产出角度来看,2012年,我国企业拥有的有效专利数量达到 181.2 万个,占国内有效专利总量的 60.4%(国家知识产权局规划发展司,2013)。但是我国企业的创新能力是否得到了较好的发展仍受到质疑(张春霖,曾智华,马科,等,2009)。

以我国 PCT(patent cooperation treaty,专利合作条约)国际专利申请数量为例,2010 年我国申请了 12337 件,占世界总量的 7.6%。但是在 PCT 申请全球百强企业中,日本有 31 家,美国有 25 家,德国有 14 家,而中国只有 3 家,而且只集中在通信和网络产业。另外,汤森路透(Thomson Reuters)集团根据专利申请成功率、专利申请的全球性、专利影响力以及创新专利数等标准,评出了 2012 年"全球创新力公司 100 强",中国企业仍没有一家上榜,而日、韩分别有 25 家和 7 家。可见,我国企业创新成果虽然取得了量的增长,但是影响力和高水平方面仍居弱势。而企业创新能力薄弱是导致企业创新成果"质"的不足的重要原因。因此,如何解决企业创新能力不足的问题,使企业获得可持续竞争优势,进而促进宏观层面国家经济发展转型,成为亟须解决的现实问题。

现阶段导致企业创新能力薄弱的主要原因是创新投入不足,包括研发经费投入不足和人才缺乏(张军,2009)。根据欧盟统计局的抽样调查,2010 年,我国工业企业研发投入占销售收入的比重为 1.2%,人均研发投入为 2900 欧元,分别相当于美国、德国和日本的 18%、22%和 36%。除了研发经费投入不足外,人才缺乏也成为企业创新中所面临的主要困难之一(中国企业家调查系统,2013)。更进一步分析,企业创新投入不足的原因有以下两类。

首先,企业创新资源来源渠道单一,限制了企业创新投入。目前企业所投入的这些创新资源 75%以上来自内部,企业较少利用外部资源完成创新活动的行为(国家统计局社会和科技统计司,2008)。随着开放式创新时代的到来,单纯依靠企业内部资源已经很难满足企业发展需要,企业需要有效地获取、利用和整合外部的资源为企业创新服务。吉利汽车董事长李书福指出,创新不能在自我封闭的环境里面进行,必须是在一个开放的环境下整合全世界资源为企业所用。事实上,作为民营企业,吉利汽车在创立初期没有造车基础,也没有享受国家优惠政策的情况下,李书福与外部合作者一个个去谈,获取合作机会,带领吉利培育核心能力、建设自主品牌。企业家作为企业与外部环境的关键节点,必须有能力获取企业发展所需的关键资源,包括行政与法律资源、生产与经营资源、管理与经营资源、精神与文化资源等(石秀印,1998)。因此,在开放创新背景下,企业家如何有效地获取和利用外部资源来发展企业创新能力,已经成为企业转型的重要影响因素。

其次,企业创新倾向弱使得企业不愿意将资源投入创新活动。企业创新活动存在较大的风险,而这种风险在外部环境不确定的条件下会被放大。在我国转型经济背景下,市场体制在促进企业创新方面还没有发挥应有的作用,主要表现在市场制度不完善,比如定价机制扭曲、监管薄弱、进入和退出壁垒以及公平竞争障碍,都抑制了企业投入创新的积极性(张春霖,曾智华,马科,等,2009)。但是外部环境对企业创新行为的影响必须经过企业家认知后,通过战略决策体现在行为上。企业的战略决策是企业家识别、开发机会的过程,即企业家获取、处理并解读信息价值的过程(张玉利,杨俊,任兵,2008)。这一过程除了受到企业家个人特征(先前工作经验、创业经历、专业背景等)影响,更重要的是受到企业家从所嵌入的社会情境中获取资源或信息的能力的影响(陈爽英,井润田,邵云飞,2012)。企业家借助跨组织边界的搜寻活动,可以从其他网络成员处获取和交换与创新机会相关的资源与信息。这有利于企业家及时、有效地做出战略决策来应对外部环境变化。此外,企业家还可以通过与其他机构或企业合作分散创新风险,提高企业开展创新的意愿。因此,企业家与外部的组织/机构建立网络关系来获取资源和信息并分散创新风险,成为影响企业创新能力的培育和发展的重要因素。

综上所述,当前我国经济的发展亟须转型,核心是加强自主创新,提高经济发展质量和效益。宏观层面国家经济转型需要落在国家创新体系的主体——企业这一微观层面上。改革开放以来,企业取得了创新成果"量"的增长,但仍缺乏较高水平和较大影响力的创新成果。我国企业创新成果"质"的不足的深层次原因是企业创新能力薄弱。而创新投入不足是困扰企业培育创新能力的重要因素,主要表现为:企业主要依靠内部资源投入创新活动中,而内部资源积累不足限制了企业创新投入;企业创新倾向弱使得企业不愿意将资源投入创新活动。在开放式创新的背景下,解决企业创新资源有限的问题需要有企业家视野以整合全球资源为企业所用。而企业家在社会系统中所处的位置以及交往情况在很大程度上影响了企业家视野和想法(张玉利,杨俊,任兵,2008)。此外,企业家从所嵌入的社会系统中获取资源和信息的能力在一定程度上可以缓解外部环境不确定性带给企业的影响,提高企业参与创新的意愿。因此,从社会资本的视角来分析企业家对企业创新的作用机制具有较大的现实指导意义。

1.1.2 理论背景

基于上述实践背景,本书综合运用创新理论、资源基础理论和社会资本理论等,探讨企业家社会资本对企业创新能力的作用机制研究。

1.1.2.1 创新理论

Schumpeter(熊彼特)1912 年在《经济发展理论》(*The Theory of Economic Development*)中首次提出了创新(innovation)一词,并对创新进行了系统的论述。他认为"创新"就是"建立一种新的生产函数",即把生产要素和生产条件的新组合引入生产体系来获取潜在的收益;创新包括以下五种形式:生产新的产品,采用新的生产方法,开辟新市场,获得一种原料或半成品的新供给来源,实行一种新的企业组织形式。通过创新带来的技术进步和知识增长是经济发展的主要动力(Schumpeter,1934;Abramovitz,1956;Solow,1957)。

Solow(1957)提出的技术创新两步论奠定了创新研究上的一个里程碑。他指出实现技术创新须具备的两个条件:新思想来源和新思想的实现发展。后来的学者对组织层面创新过程模型的发展进行了系统分析,指出创新过程模型目前经过了五代的发展:第一代技术推动线性模型(1950 年代—1960 年代中期)强调研发是新创意的主要来源;第二代市场拉动线性模型(1960 年代中期—1970 年代早期)开始关注到市场需求在创新中的作用,认为市场需求激发了创意的形成;第三代技术推动与市场拉动的耦合模型(1970年代早期—1980年代中期)强调了技术与市场联结对创新的重要性;随着产品生命周期不断缩短,第四代集成/并行模型(1980年代—1990年代中期)强调由跨职能的多小组同时进行研发活动;第五代系统整合与网络化模型(1990年代中期至今)将创新作为一种网络化活动,专注于在由竞争者、供应商和分销商等构成的更大系统中的整合(Rothwell,1992,1994)。

五代创新过程模型中,前四代模型更多关注的是企业如何依靠内部力量开展创新活动,属于相对封闭式的创新模式。随着竞争全球化和资本全球化,单一企业一方面难以全面掌握创新所需的资源,另一方面也难以独自承受创新风险。这就要求企业与外部的组织开展合作,获取外部资源支持的同时分散创新风险。过去主要依靠企业自身力量开展创新活动的"封闭式创新"模式正在被"开放式创新"模式所取代(Chesbrough,2003)。在开放式创新的思想下,创新被看成是有效地整合企业内外部资源的非线性过程(Chesbrough,Crowther,2006)。陈劲等(2008)指出结合外部资源与增进组织内外部联结的开放式创新模式,使得创新研究的议题有更宽广的空间。而创新能力是企业有效地开展创新活动的能力基础,是影响企业绩效的最重要因素(Mone,McKinley,Barker,1998;Crossan,Apaydin,2010)。在开放式创新背景下,企业迫切需要培育创新能力,有效地获取和整合企业内外部资源来应对外部环境的变化以维持企业的可持续竞争优势。

1.1.2.2 资源基础理论

资源基础理论将公司看成是一个资源束(Wernerfelt,1984a),并且认为公司内部独特的资源是竞争优势的来源(Barney,1986;Dierick,Cool,1989)。资源基础理论认为资源和隔离机制是企业获得并维持超额利润的充要条件,并进一步探索了能够给企业带来持续竞争优势的资源的特征。Barney(1991)指出有价值的、稀缺的、难以模仿的、不可替代的(valuable,rare,imperfectly imitable,non-substitutable;VRIN)资源是企业可持续竞争优势的来源。Peteraf(1993)认为能带来企业竞争优势的资源需要同时满足以下四个条件:(1)依靠资源的异质性来获得租金;(2)通过对资源竞争的事前限制以低于租金的成本获得资源;(3)依靠资源不完全流动性将租金留在企业;(4)通过对资源竞争的事后限制来维持这些租金。

尽管传统资源基础理论对战略管理领域的研究做出了重大贡献,但是应用资源基础理论来解释企业竞争优势仍存在一些不足之处。

第一,传统资源基础理论是一个静态的观点,它将企业内部特定资源带来竞争优势的过程看成一个黑箱,缺乏对资源如何转换为企业竞争优势的过程分析(许冠南,2008)。近年来,有些学者指出企业竞争优势来自资源的应用,而不是资源本身。资源必须得到有效的捆绑(bundled)和配置(deployed),以利用机会和/或降低风险来使得企业在竞争中获取优势(Hansen,Perry,Reese,2004;Kor,Mahoney,2005;Lavie,2006b;Mahoney,1995;Majumdar,1998)。Sirmon 等(2007)将上述资源捆绑和配置的过程视为组织资源管理过程,具体而言包括了规划资源组合(structuring resources portfolio)、捆绑资源来构建能力、利用这些能力来实现竞争优势。尽管上述这三个过程是顺次阐述的,但是在实际运营中可以通过持续的反馈和监控来实现。企业竞争优势并不是来自企业资源组合本身,而是来自企业对这些"资源束"的捆绑和配置(Sirmon,Hitt,Ireland,2007)。

第二,传统资源基础理论关注的是企业内部资源(Peng,2003),难以解释在内部资源很少的条件下企业如何获取竞争优势,或者如何有效打破在位企业因先发优势而形成的进入障碍(Mathews,2002)。在全球化和信息化背景下,企业需要有效地获取外部资源并通过内外部资源的整合,来形成企业的竞争优势。越来越多的学者发现,Barney(1991)提出的有价值的、稀缺的、难以模仿、不可替代的战略性资源并不一定局限于企业内部。通过企业所嵌入的关系网络,企业可以获取外部的各种资源,而这些资源对企业竞争优势有着重要的影响(Rowley,Behrens,Krackhardt,2000)。因此,企业所拥有的资源并不是企业获得可持续竞争优势的必要条件(郑素丽,2008),企业只要能够运用资源或者享受与之相关的收益权就可以,即资源对于企业而言是可得的。综上所述,企业竞争优势并不仅仅局限于企业内部资源积累,而是要将企业内部资源积累与企业外部资源获取两者结合起来考虑(Maritan,Peteraf,2011)。

1.1.2.3 社会资本理论

在开放式创新的背景下,创新不再是一个孤立的事件,而是一个包括不同行为主体社会交互(social interaction)的过程(Landry,Amara,Lamari,2002)。企业培育创新能力所需的投入除了来自企业自身积累的资源,它的关键性资源还可以通过与外部组织/机构之间的各种联结来获得(Landry,Amara,Lamari,2002)。近几年,社会资本逐渐成为创新领域研究的热点,并被视为企业创新的基石(Subramaniam,Youndt,2005;Zheng,2010)。社会资本与人力资本不同,人力资本存在于个体内部,强调的是个体经验的积累(Halpern,2005)。社会资本嵌入社会联系,强调的是存在于人际关系和网络中的资源。社会资本的概念发源于社会学,描述了个体或者群体所能获取的资本。后来,越来越多的社会学家、政治学家、经济学家和组织理论家运用了社会资本这一概念来解释在各自领域中出现的问题。社会理论的发展大致可以分成三个阶段:(1)皮埃尔·布尔迪厄(Pierre Bourdieu)对社会资本的研究(初期阶段);(2)詹姆斯·科尔曼(James S. Coleman)对社会资本的宏观研究和社会网络观对社会资本的微观研究(发展阶段);(3)社会资本在各个领域的研究扩展阶段(扩展阶段)(张文宏,2004)。社会资本把整个社会看成是一个由相互交错和平行的网络构成的大系统,试图研究社会关系网络的结构及其对社会行为的影响。社会网络观从不同的视角对社会资本开展研究,包括网络成员关系视角、网络结构视角、网络资源视角,深化了布尔迪厄和科尔曼对社会资本理论的研究。

作为连接企业与外部环境之间的重要桥梁,企业家对企业获取外部信息和资源有着重要的影响。早期对企业家的研究指出,企业家开展工作所处的社会情境是横跨组织边界的(Barnard,1968)。企业家相比于企业其他员工,花费更多的时间、精力和资源来建立与商业伙伴和政府部门的关系(Acquaah,2007;Peng,Luo,2000)。而企业家的这种边界扫描活动以及与外部组织/机构之间的交互行为产生了企业家的社会资本。企业家社会资本是指嵌入企业家外部关系网络的现实资源和潜在资源的总和(Nahapiet,Ghoshal,1998),包括技术知识、市场知识、人力资源和财务资源等。企业家社会资本虽然是一种微观的构念,但是能够对宏观层面的组织竞争优势和组织绩效产生影响(Peng,Luo,2000;Collins,Clark,2003)。现有对企业家社会资本与创新关系的研究,回答了企业家社会资本是否会影响企业创新的问题。但是较少有研究进一步探索通过企业家社会资本以什么样的方式、在什么样的条件下促进企业创新能力提升。Zheng(2010)、Payne等(2011)学者建议,未来对社会资本与创新关系的研究方向有:一是社会资本的不同构成如何影响企业创新能力(Payne et al.,2011),二是在企业成长阶段中,社会资本与内部资源(比如智力资本)如何共同作用于企业创新。

1.1.3 研究问题提出

1.1.3.1 现有研究不足

在开放式创新环境下,企业创新能力的构建成为一个研究热点。与此同时,创新领域的学者越来越重视社会资本对企业创新的贡献,这为本书的研究提供了良好的理论基础。但是,本书梳理现有研究后发现尚存在以下几点不足:

(1)现有对资源与创新关系的研究,孤立地分析了企业内外部资源对创新的影响,缺乏整合的思想。基于资源基础理论对资源与创新关系的研究大多关注的是企业内部资源(Peng,2003),难以解释在网络化环境下内部资源积累不足的企业如何获取竞争优势,或者如何克服在位企业的优势(Mathews,2002)。而社会网络/社会资本理论强调了嵌入企业外部社会网络的可得性资源对企业竞争优势的影响(Rowley,Behrens,Krackhardt,2000),但是缺乏对这种可得性资源如何转换为企业竞争优势的分析。Maritan和Peteraf(2011)呼吁战略管理领域的研究应该整合上述两个理论,在资源获取和资源积累之间构建一座桥梁。但是,目前很少有研究将企业内部资源积累和企业外部资源获取整合在一个框架下分析。

(2)对企业家社会资本与企业成长之间的作用关系并未达成一致的见解。现有研究大多关注企业家社会资本与企业成长的直接关系,并基于不同的理论视角分析了技术环境、市场环境、所有制形式等情境因素对两者之间关系的影响(Adler,Kwon,2000;Burt,1992;Xiao,Tsui,2007;Peng,2003;Luo,Chung,2005;Li,Zhou,Shao,2009),得出了不一致的观点。Peng(2003)指出在转型经济中,当企业面临的环境更具有竞争性时,先前认为商业成功所必不可少的网络和关系不再是非常重要的。但是也有学者认为,在转型背景下企业面临着许多的外部环境不确定性,包括市场环境不确定性以及恶性竞争,此时更需要与价值链中的其他成员或者通过与政府部门建立关系来明确公司的定位。因此,现阶段企业家社会资本是否仍是影响企业成长的一个有效工具,企业家社会资本的不同维度如何影响企业成长等问题还需要进一步研究。

(3)目前较少有研究运用实证材料进一步探析企业家社会资本影响企业创新能力的内在机制。现有研究普遍认为创新是企业可持续竞争优势的来源,而企业家社会资本为企业创新提供了获取、整合和利用外部的资源、信息和知识的渠道,因而更多是从理论上肯定了企业家社会资本对企业创新的促进作用(Adler,Kwon,2000),但是缺少实证材料的支撑。企业家社会资本作为嵌入企业家外部网络的现实资源和潜在资源的总和,其实质是一种企业可获得的资源(available resources)。这种可得性资源如何转变为企业内部资源(或者促进企业内部资源的生产率),进而影响企业创新能力,仍未得到较好的实证材料支撑(Moran,2005)。而只有明确企业家如何将嵌入社会网络的资源通过获取和整合过程转变为企业内部可以应用的资源,才能够较好地了解企业家社会资本对企业创新能力的作用过程。

(4)现有研究较少关注组织内部情境要素对企业家社会资本作用的影响。先前研究呼吁要从权变视角检验社会资本对组织的价值,但是主要聚焦在外部环境特征上,比如产业情境、业务领域(Ahuja,2000;Florin,Lubatkin,Schulze,2003;Peng,Luo,2000;Rowley,Beherns,Krackhardt,2000;Uzzi,1997)。这些研究开始探索一些更有趣的问题,如"企业家社会资本如何起作用?""企业家社会资本在什么样的情境下,以何种程度、何种方式发挥作用?"(Powell,Koput,Smith-Doerr,1996),但是忽略了组织内部情境要素的重要作用。

1.1.3.2 本书拟解决的关键问题

通过上述对实践问题的阐述与分析,以及对相关理论的梳理和评述,本书将基于创新理论、资源基础理论、社会资本理论三大领域的研究成果,围绕"企业家社会资本如何影响企业创新能力提升"这一基本问题展开研究,基于资源这条脉络,尝试分析企业家影响企业创新能力的内在作用机制,并逐层深入探讨以下三个具体研究问题:

(1)资源集聚如何影响企业创新能力提升?资源基础理论和社会资本理论从不同的视角探索了企业价值创造的根源。资源基础理论认为企业内部的异质性资源是企业竞争优势的重要来源,而社会资本理论指出嵌入组织社会网络的资源也是企业竞争优势的重要来源。在开放式创新的背景下,企业与企业间的边界变得越来越模糊,影响企业创新能力构建与提升的资源要素也不仅仅局限于企业内部,而是拓展到可得性资源(accessible resources)。随着创新模式的演变,企业家作为企业与外部环境接触和交流的关键角色,如何获取和整合资源,进而影响企业创新活动?子研究1拟整合资源基础理论和社会资本理论,综合分析企业知识类资源(knowledge-based resources)、资产类资源(proprietary-based resources)以及企业家社会资本(social capital)在促进企业创新能力提升中的作用。

其中,企业家社会资本不仅是一项重要的企业资源,也是企业获取外部知识类资源和资产类资源的重要来源。

(2)企业家影响企业创新能力的内在作用机制是什么?尽管现有研究从社会资本的视角,阐述了企业家对企业创新的重要作用,认为企业家社会资本有助于企业获取信息、知识,但是这种分析更多是停留在理论阐述,缺少实证材料的支撑。子研究 2 拟在子研究 1 的基础上,通过问卷调查和大样本统计分析,进一步探索企业家如何将嵌入个人网络的资源转换为组织资源,进而促进企业创新能力提升。

(3)企业内外部环境要素如何影响企业家对企业创新能力提升的作用过程?企业家社会资本作为嵌入企业家关系网络的可得资源,代表的是企业家获取资源的可能性,这些可得资源如何转变为企业实际获取的资源?在这一转换过程中企业内外部环境分别起到什么样的作用?企业家精神对企业家社会资本与创新能力之间的关系有何影响?不良竞争对这一过程又有什么样的影响?子研究 3 将通过问卷调研和大样本统计分析方法,分析不同权变因素对企业家社会资本与企业创新能力关系的影响。

1.2　研究对象与关键概念界定

本书希望通过案例研究方法、统计分析方法,以"企业家社会资本如何影响企业创新能力提升"作为基本问题,进行深入的研究与探讨,分析企业家以何种方式,在什么样的条件下能够促进企业创新能力的构建与提升。

1.2.1　研究对象

选择我国的本土企业作为研究对象。企业只要具有产品创新、服务创新、工艺创新、组织变革、管理创新、商业模式创新等活动中的一种或者多种,即可作为本书的研究对象。

1.2.2 关键概念界定

(1)企业家社会资本。本书中企业家并不单单指企业家个人,还包括企业董事长、总裁、总经理等位于组织高层次的管理人员。我们将企业家社会资本界定为企业家构建的与企业外部利益相关者的网络化联系,包括用户、供应商、竞争者、政府等机构的管理者。这些网络化联系有助于企业获取发展所需的信息、知识和资产等资源(Geletkanycz,Hambrick,1997;Batjargal,Liu,2004)。企业高管连带(managerial ties)是企业家社会资本的实质内容(Li,Poppo,Zhou,2008;Shu,Page,Gao,et al.,2012;Luo,Huang,Wang,2011),包括企业家商业资本和企业家政治资本两个维度。企业家商业资本是指企业家与供应商、用户企业、竞争者以及业务的中间商等公司的管理者建立的网络化联系;企业家政治资本是指企业家与政府部门的官员建立的网络化联系(Peng,Luo,2000;Li,Poppo,Zhou,2008;Sheng,Zhou,Li,2011;Kemper,Engelen,Brettel,2011)。

(2)资源获取。本书按照资源的类别将资源获取分成知识类资源获取和资产类资源获取。其中知识类资源获取是指企业从外部获取技术知识、新产品/服务开发知识和技能、市场营销知识和技能、顾客服务知识和技能、管理知识和技能、开发新市场的知识和技能等六个方面的知识资源的行为(Wiklund,Shepherd,2003;朱秀梅,陈琛,纪玉山,2010)。而资产类资源获取是指企业获取资金、厂房、设备、原材料等有形资源的行为(Wilson,Appiah-Kubi,2002)。

(3)企业创新能力。创新能力是企业有效地开展创新活动的能力基础,是影响企业绩效的重要因素(Mone,McKinley,Barker,1998;Crossan,Apaydin,2010)。Dutta、Narasimhan 和 Rajiv(2005)将能力看成是一种效率,具体地说是企业运用一定的资源(投入)带来一定目标(产出)的效率。借鉴这一观点,本书从效率角度来界定企业创新能力,认为企业创新能力是企业投入一定的创新资源带来创新产出的效率。

（4）企业家精神。企业家精神的核心是创新精神，对组织的生存和发展有着重要作用（Schumpeter，1934）。面对日益激烈的全球竞争和快速更新的技术，企业必须重视企业家精神，以提高创新能力，获取竞争优势。本书将企业家精神视为企业的一种战略导向，该导向以创新性、冒险性和前瞻性为特点（Covin，Slevin，1991）。

（5）不良竞争（dysfunctional competition）。不良竞争是转型经济背景下的一个重要环境要素，是指公司所处的竞争环境中存在机会主义、不公平竞争行为或者甚至是不合法行为（Li，Atuahene-Gima，2001）。本书借鉴Li 和 Atuahene-Gima（2001）以及 Sheng 等（2011）对不良竞争的界定和测度，从价格战、不合法竞争行为、不公平竞争行为等三个方面来反映不良竞争。

1.3 研究设计与内容安排

遵循理论与实践相结合、定性研究与定量研究相结合的原则，沿着"研究问题→文献阅读与理论推演→探索性案例研究→采集数据→实证研究→纵向分析→形成结论"的研究思路，深入剖析企业家社会资本影响企业创新能力提升的内在机制。

1.3.1 研究方法

本书采用的研究方法包括以下几种：

（1）文献研究方法。在研究问题形成之前，收集、整理和分析了企业家社会资本、企业创新能力、企业资源整合等领域的研究文献。该过程中使用了 Endnote X4 的文献管理工具。在收集文献时采用广泛搜索和重点搜索相结合、国外文献与国内文献相结合的策略。首先，重点搜索了管理领域顶级期刊（比如 ASQ、AMJ、AMR）、战略管理领域顶级期刊（比如 SMJ

等）、国际商务领域顶级期刊（比如 *JIBS*）、与企业家研究密切相关的期刊（比如 *ET&P，JBV*），以及密切关注中国情境下的管理问题研究的期刊（如 *Management and Organization Review*）等。其次，在浙江大学资料和数据库系统（包括外文文献数据库 EBSCO、Web of Science 和中国知网等数据库系统）以主题词搜寻的方式，收集了大量文献，然后通过文献梳理，厘清企业家社会资本、资源获取与企业创新能力的研究现状。接着，通过广泛的文献阅读，反复思考实践问题与理论问题，提出本书的研究问题。最后，在研究问题形成之后，重点阅读了相关文献，明确本书的可行性，并提出了与本书研究问题相关的一系列研究命题和研究假设。

（2）案例研究方法。本书关注企业家社会资本、知识类资源、资产类资源与企业创新能力之间的关系，这一研究主题需要按照时间顺序追溯相互关联的事件，从而找出企业家外部获取的资源与企业创新能力之间的因果关系，是关于"怎么样"以及"为什么"的问题（Yin，2004）。本书首先选择了探索式案例研究的方法探寻企业家社会资本影响企业创新能力的内在作用机制。

（3）定量实证研究。本书采用了大样本问卷调查和统计分析的方法，检验了假设的合理性和适用条件。首先，通过大样本问卷调查收集了本书涉及的相关构念的数据，并对回收的数据做了非回应偏差检验、基本的描述性统计、信度与效度检验等。然后，围绕子研究 2"企业家社会资本影响企业创新能力的内在机制：资源获取的中介作用"和子研究 3"基于权变视角的企业家社会资本与企业创新能力的关系研究"的研究内容，运用 SPSS 20.0 和 AMOS 21.0 等工具，对企业家社会资本与企业创新能力的关系进行了实证检验，形成了对企业家社会资本与创新能力之间关系的基本判断。

1.3.2 内容安排

本书分成七章来阐述,具体内容安排见下文。

第1章为"绪论"。绪论部分从现实背景和理论背景两方面,提出本书的研究问题。在此基础上,分析和解构研究问题,并构建研究的理论框架,描述研究设计,包括研究技术路线、研究方法、内容安排等。

第2章为"国内外相关研究述评"。该章从相关理论研究现状出发,梳理理论发展的脉络和趋势,特别是结合研究问题寻找理论上的切入点。根据本书研究的理论框架,该部分主要基于创新理论、资源基础理论、社会资本理论,对企业家社会资本与创新能力之间的关系进行总结和评述,为本书研究框架的搭建提供了理论支撑平台。

第3章为"企业资源集聚影响企业创新能力提升的探索性案例研究"。该章运用探索性案例研究方法,选取了两家企业作为案例研究的样本,通过案例内部分析与案例之间的分析,围绕资源集聚(包括企业内部资源积累和外部资源获取),综合考虑了企业家社会资本、知识类资源(无形资源)、资产类资源(有形资源)的共同作用,重点探索企业家社会资本影响企业创新能力提升的内在机制,归纳出关于企业家社会资本与企业创新能力之间关系的初始命题。

第4章为"企业家社会资本对企业创新能力的作用机制:理论模型与假设"。该章基于第3章探索性案例研究提出的初始命题,结合文献回顾与评述,从资源获取的视角确立了企业家社会资本影响企业创新能力提升的中介模型,并且引入了企业家精神与不良竞争两个调节变量,分析企业内外部情境要素对企业家社会资本与创新能力间关系的影响,提出需要实证检验的假设。

第5章为"企业家社会资本对企业创新能力作用机制的实证研究"。该章为问卷调查研究方法论部分,对变量测量、问卷设计、数据收集和样本描述以及采用的研究方法进行了阐述。在阅读大量相关文献的基础上,结合已有文献对相关变量的测量方法、测量内容及企业调研情况,确定了各变量的初始量表。之后遵循"文献回顾和田野调查→与本领域专家讨论→与企业界专家讨论→小样本测试"的流程,精炼问卷题项,并对拟选用的统计分析方法做了简要阐述。

第 6 章为"企业家社会资本影响企业创新能力的实证分析"。该章运用第 5 章所阐述的问卷调查研究方法(包括探索性因子分析、验证性因子分析、结构方程建模和层次回归分析方法)对第 4 章构建的理论模型和建设进行实证检验。通过信度和效度分析检验变量的测量题项,并根据检验结果修正变量的量表。在此基础上进行结构方程建模和层次回归分析,对研究假设进行实证检验。最后,对研究结果进行分析和讨论。

第 7 章为"研究结论与未来展望"。该章结合现有研究成果对本书的重要研究结论进行讨论与提炼,并通过与现有理论对话总结研究的理论贡献和实践意义。此外,该章对研究存在的不足和有待改进之处进行自我剖析,并对本领域未来可能的发展或后续研究提出展望。

1.3.3　技术路线

本书围绕转型经济背景下企业家社会资本影响企业创新能力提升的内在机制这一研究问题,基于创新理论、资源基础理论、社会资本理论三大理论视角,以提出问题、分析问题、解决问题的思路,根据不同模块关注的核心主题特征,选择与之相匹配的研究方法,深入剖析企业家社会资本如何影响企业创新能力提升,以及在什么样的条件下、以什么样的方式影响企业创新能力提升。本书具体的技术路线见图1.1。

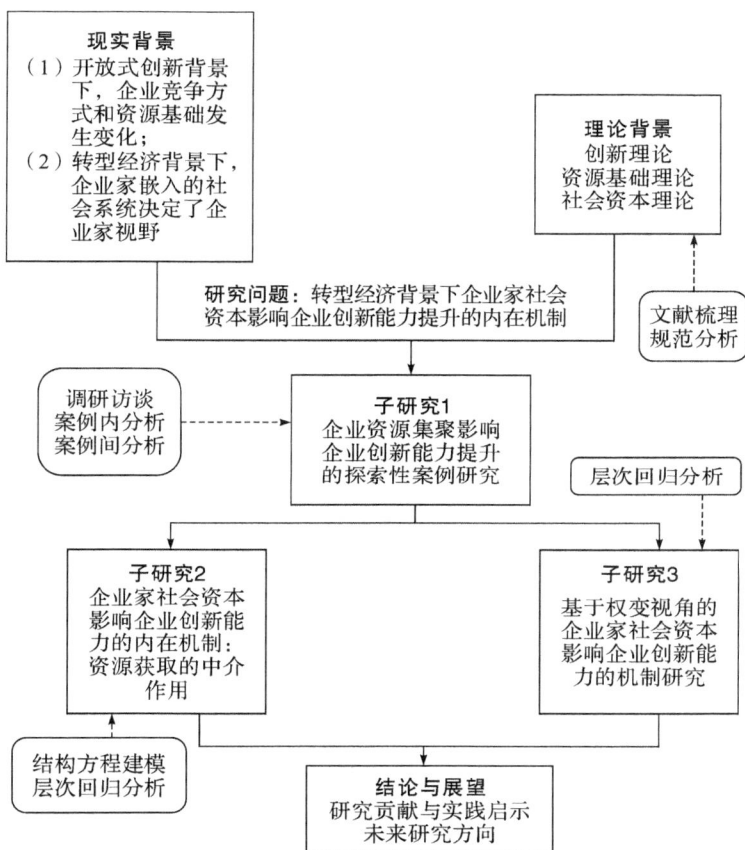

图 1.1　本书技术路线

2

国内外相关研究述评

本书的文献综述按照 Creswell(2005)提出的文献综述必须具备的因素模型进行写作,做到紧扣研究主题,简单明了。文献综述分别从相关理论文献综述、解释变量的文献综述、被解释变量的文献综述、有关解释变量与被解释变量关系的文献综述以及对上述内容的总结几方面着手。相关理论基础部分对本书涉及的创新理论、资源基础理论、社会资本理论等进行了综述。解释变量、被解释变量以及有关两者关系的文献综述围绕本书的一些关键词,如创新、创新能力、企业家、企业家社会资本、资源获取等展开。最后在总结部分突出研究主题,明确与该主题相关的现有研究存在的不足之处,确定本书的研究视角和研究主线。

2.1　相关理论基础

2.1.1　资源基础理论

资源基础理论将公司看成是一个资源束(Wernerfelt,1984a),并且认为公司内部独特的资源是竞争优势的来源(Barney,1986;Dierick,Cool,1989)。尽管早期研究明确了组织资源的重要性(Penrose,1959),资源基础观仍直到 1980 年代才开始成形。随着资源基础观的出现,学者们的研究焦点开始从组织外部要素转向组织内部要素（Hoskisson，Hitt，Wan，et al.，1999）。

Barney（1986）引入"战略要素市场"（strategic factor market）的概念，认为企业可以从战略要素市场中获取战略实施所需的资源。如果战略要素市场是完全竞争的，那么获取资源的成本将大致等于资源的经济价值。即使这种战略创造了不完全竞争的产品市场，这些资源也不会给企业带来超额利润。但是，当不同企业对战略性资源的未来价值有不同预期时，战略要素市场将是不完全竞争的。在这种情况下，能较准确地预测战略性资源未来价值的企业，在获取资源、实施战略的过程中能取得超额利润。而企业对战略性资源未来价值的更准确的预测来自企业对自身已掌握技能的有效分析。

与 Barney（1986）的观点不同，Dierickx 和 Cool（1989）指出，企业关键资源具有不可交易性，只能从内部进行积累而不是从战略要素市场中获取。他们认为战略性资源存量是在一段时间内通过对资源流量选择合适的时间路径积累形成的，并指出资源存量的不可模仿性与资源积累过程所具有的特征密切相关。资源积累过程具有时间压缩的非经济性、资产规模效益、资产存量的相互关联性、资产消耗腐蚀以及因果模糊性。

1991 年，*Journal of Management* 以资源基础观为主题做了第一个专刊，标志着资源基础观开始进入快速发展阶段（Barney，Ketchen，Wright，2011）。Barney（1991）在整合先前研究的基础上，建立了资源基础观的分析框架。一方面，Barney（1991）对资源的内涵做了界定，认为资源包括企业控制的所有资产、能力、组织过程、企业属性、信息和知识等，这些资源使企业能够构思并实施提高其效率和效果的战略。另一方面，他建立了资源基础观的 VRIN 框架，认为能给企业带来可持续竞争优势的资源具有价值性（value）、稀缺性（rareness）、难以模仿性（imperfectly imitability）和不可替代性（non-substitutability）等特征。

Peteraf（1993）发展了企业资源和绩效之间关系的模型。与 Barney

(1991)构建的框架不同,该模型从资源和竞争动力学两个方面来分析企业持续竞争优势的来源,得出能带来企业竞争优势的资源需要同时满足四个条件,分别是:依靠资源异质性获得租金;通过对资源竞争的事前限制以低于租金的成本获取资源;依靠资源不完全流动性将租金保留在企业内;依靠对资源竞争的事后限制来维持租金。

Barney(1991)和 Peteraf(1993)提出的模型为资源基础观的发展奠定了坚实的理论基础。随着战略管理领域企业资源基础观研究的不断拓展,学者们对资源基础观存在的问题提出了质疑:第一,资源的界定太过庞杂,难以建立情境和对策边界(Priem,Bulter,2001a)。第二,资源基础观是静态的观点,将企业内部特定资源带来竞争优势的过程看成是一个黑箱,缺乏对资源如何转换为企业竞争优势的过程分析(Priem,Butler,2001b;Sirmon,Hitt,Ireland,2007)。第三,关注企业内部资源,难以解释企业在内部资源很少的条件下如何获取竞争优势,或者如何克服在位企业的优势(Mathews,2002)。围绕上述资源基础观存在的问题,学者们开始区分资源与能力,并开始关注资源创造价值的过程。Newbert(2007)认为学者们对资源创造价值过程的关注产生了资源基础观另一个相对较新的理论流派,该理论流派的关注点从资源的特征转向资源利用过程,试图打开资源基础观静态截面的方法所导致的因果关系黑箱。该理论流派认为相比于企业所拥有的战略性资源,企业配置资源和利用资源的行动、过程和能力,是企业竞争优势的来源(Teece,Pisano,Shuen,1997;Sirmon,Hitt,Ireland,2007)。随着这一理论流派的出现,能力观逐渐形成。

基于能力观研究企业竞争优势来源的学者强调能力作为企业利用资源的行为,是企业特有的过程,具有异质性特征,同时也难以被其他企业模仿或替代。因此,能力是企业获取和维持竞争优势的核心要素(Prahalad,Hamel,1990)。Prahalad 和 Hamel(1990)提出了"核心能力"(core competencies)概念,认为企业的"核心能力"是指"企业的累积性学识,尤其是关于协调不同生产技巧,进行有机整合的知识"。核心能力观点一个潜在的假设是企业所处的外部环境是相对稳定的。但是随着全球化进程的不断加速和深化,企业面临的外部环境变得越来越复杂和动荡。企业赖以成功的核心能力可能会不利于企业根据外部环境变化做出调整措施,而给企业带来"核心刚性"的问题。

于是,动态能力理论观点开始出现(Teece,Pisano,Shuen,1997;Eisenhardt,Martin,2000)。Teece 等人(1997)基于资源基础观的思想引入了动态能力的概念,认为动态能力快速变化的环境下企业整合、构建和重构内外部能力的能力,是一种高阶的能力。与资源基础观不同,动态能力视角的研究认为企业竞争优势是资产地位(position)、过程(process)和演进路径(path)共同作用的结果。资产定位是指企业特有的技术禀赋、知识资产、企业声誉资产、与顾客和供应商的关系资产等。组织管理过程是指企业内部解决问题的惯例,包括三类角色,分别为协调整合(coordination/integration)、学习(learning)、重构/转型(reconfiguration/transformation)。路径是指可供企业选择的战略,以及由此带来的收益和路径依赖。自从 Teece 等(1997)的标志性论文发表后,学界对动态能力的内涵、构建和演化机制等方面做了一系列的研究。

目前学者对动态能力的内涵界定并未达成共识。Eisenhardt 和 Martin(2000)从惯例的角度来界定动态能力,认为动态能力是企业整合、重构、获得和释放资源来适应市场变化或者创新市场需求的过程。Zollo 和 Winter(2002)从组织学习的视角,认为动态能力是集体的学习方式,能够系统地产生和修改其经营惯例,从而提高企业的效率。进一步,Winter(2003)将能力分成"零阶"能力和"高阶"能力,其中"零阶"能力是企业在短期存活的能力,而动态能力是改变"零阶"能力的"高阶"能力。

对于动态能力的构建和演化机制,学者们从不同视角进行了探索性研究,得出学习、试错、即兴创作是企业构建动态能力的重要机制。Eisenhardt 和 Martine(2000)基于演化经济学视角,指出重复的实践以及形成的经验是构建和发展动态能力的重要机制,并认为变异和选择是动态能力演化的两个关键要素。Zollo 和 Winter(2002)在他们的研究中也肯定了学习机制在动态能力构建和演进中的作用。Zahra 等(2006)提出了新创企业的动态能力创建和演化机制,即试错、即兴创作和模仿。他们认为,大企业的动态能力构建机制与经验学习更加相关,而新创企业的动态能力构建机制与试错和即兴创作过程更加相关。

综上所述,从 Wernerfelt(1984a)明确提出资源基础观的概念,经过近30 年的发展,资源基础观已经发展成为资源基础理论。早期资源基础观关注能给企业带来竞争优势的资源的特征以及租金的隔离机制,没有区分资源与能力,也没有对资源价值创造过程进行剖析。随后出现的核心能力观区分了资源与能力,强调配置资源和利用资源的过程、行为和能力,但是忽视了外部环境动态变化的特征。而动态能力的观点将企业能力的研究与外部环境特征联系起来,揭示了在动荡、复杂的环境中企业获取竞争优势的过程以及深层次原因。这些观点都是对早期资源基础观的拓展,更深入地解释了企业竞争优势产生的机理和过程。

此外,在当前全球化和信息化背景下,企业有效地获取并整合外部资源成为影响持续竞争优势的重要因素(Bierly Ⅲ,Damanpour,Santoro,2009)。越来越多的学者发现,Barney(1991)提出的具有有价值、稀缺、难以模仿和不可替代特征的战略性资源并不一定局限于企业内部。通过企业所嵌入的关系网络,企业可以获取外部的各种资源,而这些资源对企业竞争优势有着重要的影响(Rowley,Behrens,Krackhardt,2000)。因此,企业所拥有的资源并不是企业获得可持续竞争优势的必要条件(郑素丽,2008),企业只要能够运用资源或者享受与之相关的收益权就可以了,即资源对于企业而言是可得的。综上所述,企业竞争优势并不仅仅局限于企业内部资源积累,而是要将企业内部资源积累与企业外部资源获取两者结合起来考虑(Maritan,Peteraf,2011)。

2.1.2 资源依赖理论

从 1960 年代开始,组织理论的研究从组织内部转向了组织外部,开始关注环境对组织的影响以及组织与环境的关系等问题,将组织问题与组织外部的环境问题联系起来形成了开放系统模式,资源依赖理论开始盛行。

自 Pfeffer 和 Salancik(1978)《组织的外部控制:对组织资源依赖的分析》(*The External Control of Organizations:A Resource Dependence Perspective*)一书出版以来,资源依赖理论成为组织理论和战略管理领域最有影响的理论之一。它把公司看作一个开放系统,依赖外部环境的情境。Salancik 和 Pfeffer(1978)指出:"要理解一个组织的行为,就必须理解行为的情境,也即组织的生态学。"他们认为资源依赖理论的基础假设是:没有任何一个组织是自给自足的,所有组织都必须为了生存而与其所处的环境进行交换。组织对外部环境的依赖性取决于组织所需资源的稀缺性和重要性。具体而言,组织的这种外部依赖性取决于三个方面:第一,资源对组织生存的重要性;第二,组织内部或外部特定群体获得/处理资源的程度;第三,是否存在替代性资源。

Ulrich 和 Barney(1984)在整理前期学者的研究观点后认为资源依赖理论隐含着三个基本假设:第一,组织是一个综合体,由内外部共同组成;第二,外部环境中存在着对组织而言有价值的、稀缺的资源;第三,组织和外部环境之间存在着两个权衡目标——组织获取对资源的控制,一方面减少自身对外部环境的依赖,另一方面通过对资源的控制提高外部环境中其他人或组织对自己的依赖。资源依赖理论认为资源交换是联系组织和外部环境关系的核心纽带,承认外部因素对组织行为的影响;并且认为虽然组织受到外部情境约束,但是管理者能够通过采取行动降低对外部资源的依赖和环境的不确定性。这些行动中的关键是权力(power)概念,即对关键资源的控制(Ulrich,Barney,1984)。

总体而言,资源依赖理论的重点内容包括以下三点:

(1)降低环境中的不确定性。Pfeffer 和 Salancik（1978)认为如果组织与外部环境之间的交换关系不确定，则应该通过增加对关键领域的控制力，减少对单一重要资源的依赖等方式来转变组织的相互依赖性。如果组织无法有效地控制所需的资源，则可以通过建立与外部环境中的其他组织的合作关系，来降低环境中的不确定性。

(2)获取组织生存所需资源。资源依赖理论基本假设认为外部环境中存有组织经营所需的、关键的、稀缺的资源。因此，企业的生存与发展必须依赖外部环境中的一些组织提供的资源，以之作为输入，同时也需要将外部环境中的另一些组织作为自己产出的输出之所（Pfeffer，Salancik，1978)。在开放的系统中，组织之间的互动关系体现为有形或无形资源的交换，其表现出来的结果是提高资源稳定性，进而促进企业成长。

(3)加强组织的权力。基于资源依赖理论，"依赖"是一种相互的行为。Thompson（1967)指出合作战略的实行可通过交换承诺而得到权力。

综上所述，资源依赖理论有助于解释当组织运营所需的资源和自身所拥有的资源之间存在缺口时，组织可以从外部环境中获取重要的资源，来构建自身核心能力。资源依赖理论关注组织和外部环境间的和谐关系，强调组织的外部资源依赖性。由于自身资源有限，组织需要与控制关键资源的其他组织合作，以保证资源获取的稳定性。

2.1.3　社会资本理论

社会资本的概念发源于社会学，描述了个体或者群体所能获取的资本。后来，越来越多的社会学、政治学、经济学和管理学领域的学者运用了社会资本这一概念来解释各自领域中出现的问题，如：在政治科学领域，学者们用社会资本的概念解释社会中的居民参与和协会活动对社会和经济繁荣的贡献；在管理学领域，学者也采用了社会资本的概念，从个体、群体和组织等不同层面来解释社会资本对企业成长的作用。

社会资本理论的发展可从三个阶段来分析：初期阶段为 Bourdieu

(1980)对社会资本的研究,发展阶段为 Coleman(1988)对社会资本的宏观研究和 Portes 等(1995)从社会网络观出发对社会资本的微观研究,以及社会资本研究向各个不同领域(包括社会学、政治学、经济学等)扩张的阶段(张文宏,2004)。基于社会资本的观点,社会是一个大系统,它由相互交错和平行的网络构成,组织/个体在社会网络中所处的位置以及采取的不同社会行为都是影响组织成长的重要因素。

Bourdieu 是第一位将社会资本概念引入社会学领域并对其进行系统分析的学者。他认为"社会资本是现实或潜在的资源的集合体,这些资源与拥有或多或少制度化的共同熟识和认可的关系网络有关,即与群体中的成员身份有关"(Bourdieu,Wacquant,1992)。

Bourdieu 的观点包括三方面内容:(1)社会资本是一种资源,可使资源拥有者受益,并且这种受益程度与每个人的实践能力有关;(2)社会资本与制度化的社会网络关系密切联系,一旦某一个体获得某个团队的成员身份,就有权力调动和利用网络中的资源;(3)社会资本是一种以稳固关系为目的,通过经济资本和文化资本长期、持续地投入形成的一种产物。Bourdieu 关注的是个体层面,认为个体投资于社会关系的目的在于把自我的、私有的特殊利益转化为超功利的、集体的、公共的、合法的利益(Bourdieu,1990)。他重点分析了不同类型资本间的相互转换,包括经济资本、文化资本、社会资本及符号资本等。不同类型资本间的相互转换表现为:个体通过构建社会资本可以获取经济资源,提高自身的文化资本,并通过与制度机构建立的紧密联系获取符号资本。但是,Bourdieu(1986)的观点存在局限性,他在最终的分析中,把每一类型资本(包括社会资本)都化约为经济资本,而忽略了其他类型资本的独特效用。

在社会资本研究领域,影响力最大的当属 Coleman。他在于 1988 年发表的"Social capital in the creation of human capital"一文中对社会资本进行了初步的阐述。在后来的"The foundation of social capital"这篇文章中,他又从社会结构的角度系统阐述了社会资本。

Coleman 从功能上定义社会资本,认为"社会结构资源作为个人拥有的资本财产,即社会资本"。社会资本是生产性的,一定程度上决定了人们能否实现某些既定的目标。科尔曼认为社会资本与人力资本、物质资本是资本的三种形态。物质资本存在于看得见的物质中,是有形的;人力资本存在于个体所掌握的技能和知识中,是无形的;社会资本存在于行动者之间的关系中,是无形的。社会资本既不依附于独立的个人,也不存在于物质生产的过程之中(Coleman,1988,1990)。

Coleman 详细阐述了社会资本的五种表现形式,更清晰地界定了社会资本的内涵。社会资本的五种表现形式包括:义务与期望;嵌入社会关系的信息网络;规范和有效惩罚;权威关系;多功能社会组织和有意创建的社会组织。在社会资本的讨论中,Coleman 的目的是通过解释社会结构形成和约束理性行为的方式,与社会结构对个人产生影响,使其自我利益最大化的原因,来缓解理性选择方法社会化不足的性质。而信任的源泉是理性选择理论的核心问题。但是,Coleman 对社会资本的界定没有区分社会资本的产生机制、后果以及适用情境。在 Coleman 之后,不少学者在具体研究中混淆了社会资本的本质、拥有者、来源这三个方面,带来了社会资本概念和使用范围的混乱(Portes,1998)。

社会网络观从网络成员关系视角(Portes,1995)、网络结构视角(Burt,1992)、网络资源视角(Lin,1999)等不同视角深化了 Bourdieu 和 Coleman 对社会资本理论的研究。亚历詹德罗·波茨(Alejandro Portes)将社会资本界定为"个体凭借成员身份在网络中或者在更广泛的社会结构中获取稀缺资源的能力,获取能力不是个人固有的,而是个人与他人关系中包含的一种资产。社会资本是嵌入的结果"(Portes,1995)。他把社会资本概念扩展到社会结构这一更宏观的层次上。

在 Portes 观点的基础上,Granovetter(1985)进一步区分了两类嵌入性,即理性嵌入和结构性嵌入。理性嵌入建立在双方互惠的预期基础上。但是,当行动双方成为更大网络的一部分时(表现为结构性嵌入),信任就会随着互惠的期待而增加。

林南(Lin)区别于社会网络的结构视角,将社会资本界定为"嵌入于一种社会结构中的可以在有目的的行动中摄取或动员的资源"。林南认为社会资本的内涵由三方面内容构成:社会资本是一种嵌入社会结构的资源;代表的是获取资源的能力;有明确的目的来运用这些社会资源(Lin,1999)。

为了整合上述不同领域学者对社会资本的内涵、来源、结果等问题的认识,实现跨领域研究的对话,Adler 和 Kwon (2002)首先更准确地定义了社会资本,并清晰地给出了一个整合性概念框架。Adler 和 Kwon (2002)认为社会资本是嵌入个体或团队社会关系结构的可得性资源,并且在概念框架中详细探讨了社会资本的形成条件、影响因素以及可能带来的收益和风险。他们认为现有对社会资本的研究可以分成两大类:一类是将社会网络结构视为社会资本的来源,关注社会网络结构特征,比如联系的强弱程度、结构洞等;另一类则聚焦在关系的内容上,包括通用的共同行为规范、信念以及能力。进一步,Adler 和 Kwon(2002)从社会结构的角度分析了形成社会资本的要素,包括市场关系、社会关系、层级关系对形成/开发社会资本的机会、动机、能力等方面的影响(见图 2.1)。

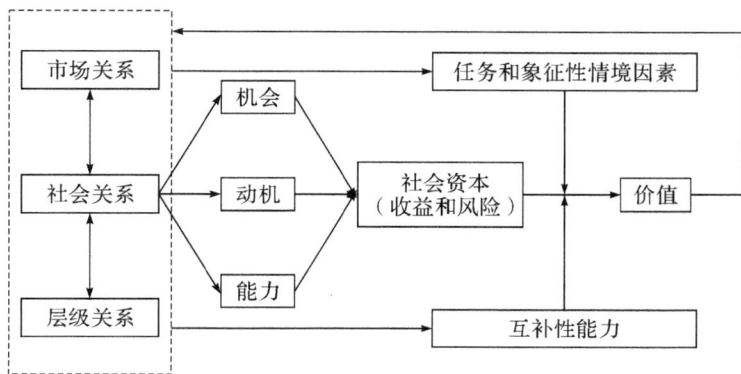

图 2.1 社会资本的概念模型

资料来源:整理自 Adler,Kwon(2002)。

　　除了分析社会资本的来源，Adler 和 Kwon(2002)综合地探讨了社会资本的影响结果，指出社会资本是一把双刃剑，对行为者、团队、组织或者社区的价值实现同时有积极作用和消极作用。

　　社会资本的积极作用主要体现在以下三个方面：

　　(1)社会资本有助于获取信息。对于行为者来说，社会资本有助于拓宽行为者的信息来源，并且有利于提高所获取信息的质量、准确性和及时性(Granovetter, 1973; Coleman, 1988; Uzzi, 1997; Podolny, Page, 1998; Lin, 1999)。

　　(2)社会资本有利于促进个人、团队或组织的影响力和控制力(Coleman, 1988; Burt, 1992, 1997)。从关系内容的视角来看，社会资本代表着行为者的可信任程度，而信任又在一定程度上反映了个人通过社会关系网络摄取资源的能力。从关系结构的视角来看，拥有网络结构优势的行为者也可以获取较大的权力。Burt (1997)指出，跨越结构洞的管理者通过控制联系其他团队的项目，会表现出更大的权力/权威(power)。

　　(3)社会资本还可以带来网络成员间的凝聚力。Krackhardt 和 Hanson (1993)指出，信任作为社会资本的内隐价值可以促进网络内成员的团结一致性，进而有利于网络成员间传递更多、更准确的信息。在企业内部，若组织成员或者组织不同部门之间有着很强的内部凝聚力，则可以促进实现组织层面更高的目标(Adler, Kwon, 2002)。

　　但不可否认，社会资本也存在着一些负面的影响，包括：

　　(1)过量资源投入。行为者需要投入大量的资源来构建和维持社会关系，在一些情境下，用于维系社会关系的资源投入并不总是有效的(Hansen, 1998)。

　　(2)过度嵌入导致的创新思想束缚的问题。过度嵌入减少了外部其他有利于产生新创意的信息流入，导致了视野狭隘和惰性(Gargiulo, Benassi, 1999)。Nahapiet 和 Ghoshal (1998)指出社会资本会限制"对信息的开放性以及做其他事情的可选择方式，产生集体盲目性，这些有时候会带来灾难性的结果"。

（3）限制决策自由。一些社会关系所在的战略位置和地位，决定了其可能获取更具价值的资源和行使更大的权力。而处于依赖关系不平衡中较弱的一方，在决策过程中会受到较强一方的限制。此外，网络内部的共享规范有利于促进知识转移，但是这种默认的规范容易限制个体自由（Moore，Daniel，Gauvin，et al.，2009）。

正是因为社会资本的积极作用和消极作用同时存在，所以在后续研究中需要考虑情境因素。越来越多的对社会资本理论的研究表明，情境要素是未来研究需关注的重要因素（Adler，Kwon，2000；Burt，1992；Xiao，Tsui，2007）。

2.2 创新和创新能力

创新是企业持续成长、获得长期成功的重要因素（Schepers，Schnell，Vroom，1999）。企业需要创新来获得竞争优势以便更好地生存和发展，而内部创新能力的开发是企业获取竞争优势的一个重要途径（Gurisatti，Soli，Tattara，1997）。

2.2.1 创新内涵的发展与拓展

创新的研究最初兴起于经济学领域。熊彼特 1912 年在《经济发展理论》中首次提出了创新（innovation）一词，之后又相继在《经济发展理论：商业循环》（*Business Cycles：A Theoretical，Historical and Statistical Analysis of the Capitalist Process*）和《资本主义、社会主义和民主》（*Capitalism，Socialism，and Democracy*）两本书中对创新进行了系统的论述。熊彼特认为"创新"就是"建立一种新的生产函数"，即把生产要素和生产条件的新组合引入生产体系来获取潜在的收益。创新包括五种具体形

式:生产新产品、采用新生产方法、开辟新市场、获得新供给来源、实行新的
组织形式。创新所带来的技术进步和知识增长是经济发展的主要动力
(Schumpeter,1934;Abramovitz,1956;Solo,1951)。

　　英国萨塞克斯大学(University of Sussex)科学政策研究所的沃尔什
(Walsh)等人在进行 SAPPHO 项目时,针对熊彼特对创新的研究,提炼
出企业家创新模型,即熊彼特企业家创新模型Ⅰ。1942 年,熊彼特在《资
本主义、社会主义和民主》一书中进一步发展了创新对经济发展的推动作
用,强调大企业在创新中的作用。经济学家 Phillips(1971)在《技术与市场
结构》(*Technology and Market Structure:A Study of the Aircraft
Industry*)一书中将熊彼特后期的观点归纳为熊彼特的大企业创新模型,
即熊彼特企业家创新模型Ⅱ。熊彼特企业家创新模型Ⅰ强调企业家在整
合生产要素实现创新中的作用,将技术和发明视为外生的变量;而熊彼特
模型Ⅱ认为创新活动主要是由企业内部的研发机构来承担的,将科学与技
术活动视为内生的变量,从而形成一个有效的自我强化的循环,大企业通
过内部力量开展创新活动进一步强化了竞争地位。这两个模型共同指出
技术因素的推动作用,因此后来的学者也将这两个模型合称为"技术推动
模型"。从 1950 年代开始到 1960 年代中期,线性的技术推动模式是创新
的主要模式。

　　Hobday(2005)对组织层面创新过程模型的发展进行了系统分析,提
出了五代创新模型:第一代技术推动线性模型(1950 年代—1960 年代中
期)强调研发是新创意的主要来源;第二代市场拉动线性模型(1960 年代
中期—1970 年代早期)开始关注到市场需求在创新中的作用,认为市场需
求激发了创意的形成;第三代技术推动与市场拉动的耦合模型(1970 年代
早期—1980 年代中期)强调了技术与市场联结对创新的重要性;第四代集
成/并行模型(1980 年代—1990 年代中期)强调由跨职能的多小组同时进
行研发活动;第五代系统整合与网络化模型(1990 年代中期至今)将创新
作为一种网络化活动,专注于在由竞争者、供应商和分销商等构成的更大

系统中的整合(Rothwell,1992,1994)。

第五代创新模式强调网络化的观点,关注于广泛、系统的合作,包括与竞争者、供应商、用户、研究机构的合作。从五代创新过程模型的演进中可以看出,学者对创新的界定发生了转变:从原先认为创新是单一的、封闭式的活动,转向认为创新是网络化、系统化的活动;从原先认为创新单一企业开展的活动,转向认为创新是需要企业间紧密合作来实现的活动。随着竞争全球化和资本全球化,单一企业一方面难以全面掌握创新所需的资源,另一方面也难以独自承受创新风险。这就要求企业与外部的组织开展合作,获取外部资源支持的同时分散创新风险。过去"封闭式创新"模式正在被"开放式创新"模式所取代(Chesbrough,2003)。

Chesbrough经过十多年的研究发现,20世纪末以来一些以创新著称的老牌公司并没有真正从创新中获益。在这些老牌企业中,主要存在两种现象:第一种是企业内部积压了大量的创新成果,不能及时地通过商业化过程获取收益;第二种是有些老牌企业"闭门造车",没有注意到其他组织/企业的同类或相似的创新成果,造成了创新资源的浪费。Chesbrough(2003)提出了开放式创新的概念以区别于传统的封闭式创新模式。开放式创新模式是指企业在创新过程中,通过适时并创造性地运用组织内外部资源,以新颖、独特的方式创造新的产品和服务。在开放式创新的思想下,创新被看成是有效地整合企业内外部资源的非线性过程(Chesbrough,Crowther,2006)。开放式创新模式的提出拓宽了创新研究的议题(陈劲,郑刚,许庆瑞,2008)。

值得一提的是,我国在较强的政治与社会实践背景下提出了"自主创新"概念(陈劲,1994)。"自主创新"主要是针对过去以技术引进、单纯模仿来促进经济增长的模式所存在的不足提出来的。自主创新重点强调在"以创造市场价值为导向的创新中掌握自主权,并能掌握全部或部分核心技术和知识产权,以打造自主品牌、赢得持续竞争优势为目标"(郑刚,何郁冰,陈劲,等,2008),"自主掌控下,利用一切可以利用的资源,形成体制、机制、产品以及技术上的竞争力"。

自主创新和前述的开放式创新并不是相对立的概念,两者的关系是相辅相成的。开放式创新强调的是企业能够有效地获取、利用外部资源,并通过内外部资源整合实现良好的创新绩效;而自主创新强调的是企业对创新收益(知识产权和利润)的持续的控制权。开放式创新背景下的自主创新不是"闭门造车",而是在自主创新的观念主导下,充分利用全球开放市场所创造的有利条件,借助多种方式获取和利用不同来源的资源,以原创性的"产品与服务概念"进入国际产业链的高端环节,形成有自主品牌/自主知识产权的创新产品(陈劲,陈钰芬,2007)。

2.2.2　创新能力的内涵与构成

创新能力是企业有效地开展创新活动的能力基础,是影响企业绩效的最重要因素(Mone,McKinley,Barker,1998;Crossan,Apaydin,2010)。对于创新能力的界定,国内外学者有不同的观点。这些观点概括起来有两种类型:过程观和要素观/内容观。过程观主要从技术创新的过程视角来界定创新能力。魏江和许庆瑞(1995)指出企业创新能力可以从"确认机会、形成思想、求解问题、得解、开发、运用并扩散"这六阶段的创新过程视角来探讨,认为"创新能力是支持创新战略实现,由产品创新能力和工艺创新能力两者耦合并由此决定的系统整体功能"。艾米顿1998年在《知识经济的创新战略——智慧的觉醒》(*Innovation Strategy for the Knowledge*)一书中,基于"发明→转化→商业化"的创新过程视角将企业创新能力的概念界定为开发创意的能力、使用新创意的能力、将新创意商业化的能力。李金明(2001)把创新能力定义为企业根据市场现实及潜在的需求,通过充分利用企业的人力资源、优化组合知识、不断更新企业系统和技术等方式以获取竞争优势的能力。简言之,创新能力是指创新地组合企业稀缺资源的能力。Richard(2006)指出,企业的创新能力指企业产生新思想并将其转化为市场化的能力,由内部资源、管理水平、市场竞争等多方面因素决定,需要较高的组织和协调能力。基于过程观的视角，创新能力是嵌入创意的形成、开发和利用以及价值实现的整个过程的一种能力。

基于创新的内容或者创新涉及的要素的视角来界定企业创新能力，可以将其分成狭义的创新能力和广义的创新能力。狭义的创新能力指技术创新能力，是指"企业有效地吸收、掌握和改进现有技术，并创造新技术所需技能和知识的能力"（Lall，1992），是"制造变革的能力"（Koc，Ceylan，2007）。技术创新能力的核心构成要素包括企业价值观、掌握专业知识的人才、企业技术系统与管理系统等（Leonard-Barton，1992）。随着学者对创新能力认识的拓展，非技术要素逐渐成为创新能力的重要构成部分（Teece，1986、1992、2006；Stieglitz，Heine，2007）。因此，广义的创新能力不仅包括了技术创新能力，而且包括了非技术的创新能力。具体地说，企业创新能力是支持企业创新战略的一系列综合特征，企业的创新能力不仅与企业技术方面的能力相关，而且与制造、营销、人力资源管理的能力有关，企业创新能力是促进与支持创新战略的组织特性的全集，包括愿景和战略、竞争性基础、组织智力、创造性和新想法管理、组织结构、文化氛围、技术管理等多个要素能力（Meyer，Utterback，1992；Lawson，Samson，2001）。国内学者对企业创新能力的研究源于1990年代，国内创新研究的开创者许庆瑞（1998）认为企业技术创新能力是支持企业创新战略实现的产品创新能力和工艺创新能力的耦合以及由此决定的系统的整体功能，并认为它包括企业决策能力、研发能力、生产能力、营销能力和组织能力等五个方面。

在上述过程观和要素观的基础上，本书借鉴 Dutta 等（2005）的观点，将创新能力视为企业运用一定的创新资源（投入）带来一定目标（产出）的效率。

2.2.3 影响创新能力培育的前因

企业创新能力是组织内部培育的，是在相当长的时期里遵循一组连贯组织惯例的累积性结果(Nelson,Winter,1982;Dierickx,Cool,1989),并且会在组织有意识的、持续的具体投资中不断演进(Nelson,Winter,2002)。

有较多学者对影响企业创新能力培育的前因进行了研究(Damanpour,1991;Henard,Szymanski,2001;Van der Panne,Van Beers,Kleinknecht,2003)。Damanpour(1991)通过元分析指出影响创新采纳的要素包括专用化、中心化、技术知识资源、冗余资源、管理者对待变革的态度、管理者占公司总员工比重、内外部交流等。Van der Panne 等(2003)将影响企业创新能力培育的要素分成四大类:与组织相关的要素,比如组织结构;与项目相关的要素,比如管理风格;与产品相关的要素,比如产品的相对价格;与市场相关的要素,比如组织的竞争压力。基于过程观的视角,创新的第一步是创意的识别和开发。在开放式创新的背景下,企业可以内部开发新的创意,也可以采用外部的创意。因此,企业创新活动并不是单一、封闭的过程,而是处在相互依赖情境下的不同行为者的知识交流(interaction)和交换(exchange)的过程。创新能力作为企业开展创新活动的基础和结果,其影响要素按照企业边界可以分成企业内部要素和企业外部要素两大类(贾生华,疏礼兵,邬爱其,2006)。

企业外部影响创新能力的要素包括企业所处的环境(包括技术环境、市场环境和政策环境)、企业社会资本、外部联盟、兼并(Schmookler,1966;Utterback,Uhlmann,1979;Fan,2006;Subramaniam,Youndt,2005;Chen,Wang,2008;Shu,Page,Gao,et al.,2011;安同良,施浩,2006;彭纪生,孙文祥,仲为国,2008;郑素丽,2008;江诗松,龚丽敏,魏江,2011b)。在影响企业创新能力培育的外部要素中,社会网络和社会资本逐渐成为研究的热点(Subramaniam,Youndt,2005)。Hagedoorn 和 Duysters(2002)选择了88 家计算机行业企业作为样本,通过进行实证研究,发现企业所构建的外部社会网络有助于其获取新知识,并且逐步增强企业的创新能力。企业社会网络或社会资本正是由于在促进企业获取外部资源、增进组织间信任关系、降低资源交易成本等方面的作用,逐渐成为创新领域学者关注的焦点内容。"在网络竞争条件下,企业外部资源对创新的重要作用凸现出来,与企业内部战略资源一起,决定了企业的创新进程和竞争优势的获取。"(郑素丽,2008)

企业内部影响创新能力培育的要素包括领导力、管理杠杆、业务流程管理等三大类(见图 2.2)(Damanpour,1991;D'Este,2002;Crossan,Apaydin,2010;Lisboa,Skarmeas,Lages,2011;赵建英,梁嘉骅,2006;徐大可,陈劲,2006)。

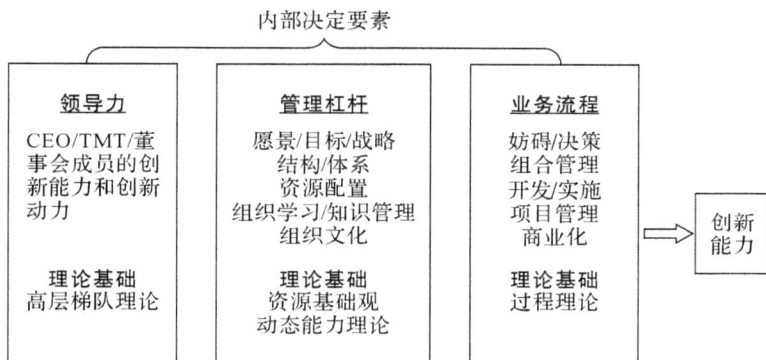

图 2.2　影响企业创新能力培育的内部要素

资料来源:整理自 Crossan,Apaydin(2010)。

其一,领导力(leadership)。

学者研究得出公司的高层管理者可以解释公司利润变动的 5%～20%(Crossland,Hambrick,2007)。高层管理者对创新的作用不仅体现在创意形成阶段所发挥的支持和引导的作用,还体现在促进公司员工之间有效地沟通和交流,以及为创新实施营造有利条件(Mumford,Licuanan,2004)。高层梯队理论认为,领导者的行为是由他们的价值、经验和个性特征等因素共同决定的(Hambrick,Mason,1984)。领导者对企业培育创新能力的影响主要体现在领导者个人对风险的容忍(Barron,Harrington,1981;Patterson,1999)、自信(Barron,Harrington,1981)、敢于打破常规

(Frese,Brodbeck, Heinbokel, et al. ,1991;West,Wallace,1991)、前瞻性(Seibert,Kraimer,Liden,2001),以及对变革的容忍(Damanpour,1991)。除了领导者个人特征,高管团队特征对企业创新能力也有着重要的影响,包括高管团队的年龄和受教育程度(Bantel,Jackson,1989;Hambrick,Mason,1984)、任期(Bantel,Jackson,1989;Finkelstein,Hambrick,1990)、外部产业关系(Geletkanycz,Hambrick,1997)等。

其二,管理杠杆(managerial levers)。

管理杠杆的内涵可以通过动态能力理论得到较好的解释(Eisenhardt,Martin,2000;Prahalad,Hamel,1990;Teece,Pisano,Shuen,1997)。公司的任务是组合和利用现有资源的同时探寻新的机会。然而,外部环境和竞争格局的不断变化给企业当前拥有的有价值资源带来了"创造性毁灭"(Schumpeter,1934)。因此,公司不仅仅是利用现有的资源,还需要开发新的、有价值的资源和能力(Rumelt,1997)。这些都需要企业花费时间、资源和管理者努力(Dierickx,Cool,1989)。

Crossan 和 Apaydin(2010)认为企业五种类型的管理杠杆对企业创新能力有着较大的影响,包括:愿景/目标/战略;结构和体系;资源配置;组织学习和知识管理工具;文化。组织的愿景/目标/战略确立了组织创新的方向(Adams,Bessant,Phelps,2006;Lisboa,Skarmeas,Sages,2011)。企业资源配置(Subramaniam,Youndt,2005)、组织结构、管理和交流体系(Damanpour,1991)为企业培育创新能力提供了必要的支持。组织学习和知识管理工具(Crossan,Lane,White,1999)和组织文化(Pinto,Prescott,1988;West,1990)有助于促进创新过程的顺利进行。

其三,业务流程(business process)。

基于过程理论,学者对企业业务流程与创新之间的关系研究主要聚焦在组织流程如何将创新投入转换为产出(Crossan,Apaydin,2010)。基于创新过程视角,不同创新阶段能力形成和发展所对应的业务流程管理也呈现出不同的形式。创新的发起阶段包括了对新想法的认识和态度以及新概念生成(Chiesa,Coughlan,Voss,1996)。Gopalakrishnan 和 Damanpour (1997)认为公司开展的创新活动,其创意可以是内部生成的,也可以是从外部获取的。在公司实际运作中,通常是混杂着不同来源的创新活动,因此需要对不同创新活动进行业务流程的组合管理。业务流程的组合管理包括了对创新活动的风险和收益的权衡、资源的配置(Bard,Balachandra, Kaufmann,1988)、决策效率等(Szakonyi,1994)。而在创新的实施和价值实现阶段,业务流程管理内容包括了市场研究(Verhaeghe,Kfir,2002)、试营销的预算(Balachandra,Brockhoff,1995)等。

2.2.4 创新能力形成与培育的相关研究小结

创新的概念在过去四十多年已经发生了较大的变化,主要表现为: (1)创新不再是一个单独的/孤立的事件,而是一个包括社会交互(social interaction)的过程;(2)创新所需的资源投入不再是有形资本(物理资本和财务资本)的单一组合,而是无形资本的组合,尤其是社会资本(Landry, Amara,Lamari,2002)。在 1950 年代,创新被看作由单个发明者开发知识并实现其商业价值的行为。目前,创新被看成是一个过程,该过程的成功取决于包括处在相互依赖情境下的大量/多样的行为者所带来的知识的交互(interaction)和交换(exchange)。而企业创新能力作为企业创新活动的微观能力基础,是指企业运用一定的资源投入带来一定创新产出的效率。

借鉴 Wang 和 Ahmed(2007)对能力各阶层的划分思想,本书将企业创新能力分解成三个层次:最外层为创新能力价值实现层面,主要是指企业能力在市场竞争中所体现出的竞争力表现及其发展前景等;中间层为能力表现层面,主要是指企业各个子能力,表现为企业创新行为;最内层面可称为资源基础层面,主要是指企业内部的各种知识类资源和资产类资源的支撑情况(见图 2.3)。

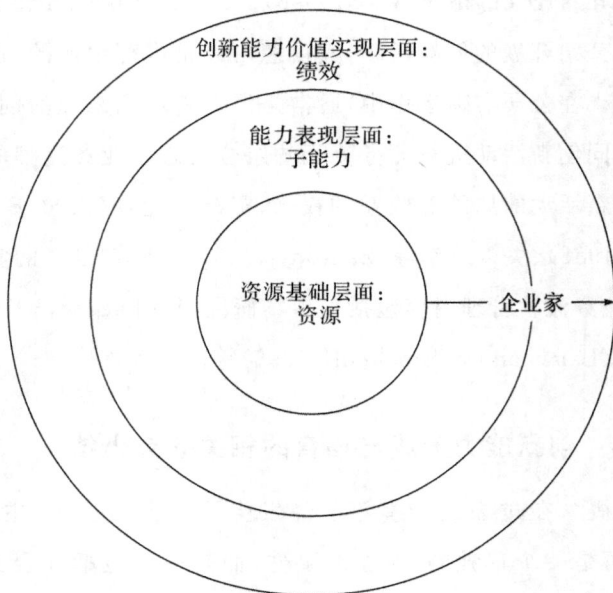

图 2.3　企业创新能力构成

  基于能力由三层次构成的设想,企业创新能力的培育和发展最终要由企业资源做支撑。随着创新模式从封闭式向开放式转变,企业创新能力的基础支撑——企业资源并不仅仅包括企业所拥有的资源,还包括企业可得的资源(available resources)。而这些可得的资源通过企业与外部实体之间的各种联系来获得。"企业家作为企业与社会环境的关键'接点',必须有能力为企业获取所需资源,包括政府行政与法律资源、生产与经营资源、管理与经营资源、精神与文化资源"(石秀印,1998)。而且,企业家对待创新的态度和资源配置能力很大程度上决定着资源价值实现程度。因此,企业家是影响企业创新能力的重要因素之一。

2.3　企业家与企业家社会资本

2.3.1　企业家的内涵与职能

企业家（entrepreneur）最初源于法语，意思是敢于承担责任的人。坎蒂隆（Cantillon）在 1755 年出版的《商业性质概论》（*Essay on the Nature of Commerce in General*）一书中将企业家引入经济学领域，认为企业家是"按照固定价格买下来，按照不确定价格出售"的风险承担者。萨伊（Say）1803 年在继承坎蒂隆的观点基础上，对企业家职能的界定做了拓展，认为企业家的职能是组织资本、劳动、土地等各项生产要素实施生产，突出了企业家的"协调者"角色（Koolman，1971）。上述这些古典企业家理论的代表学者均强调了企业家是风险承担者和资源协调者。

随着企业家理论的发展，Knight（奈特）1921 年正式将企业与企业家联系在一起，开创了企业的企业家理论。他认为企业家是"在高度不确定的环境中进行决策并承担决策后果的人"，强调了企业家的"决策者"和"风险承担者"角色。熊彼特 1934 年将企业家与创新联系在一起（Schumpeter，1934）。他认为企业家是对生产要素进行新的组合，建立新的生产函数的人。企业家在追求利润目标的初衷下，对旧的市场均衡体系进行"创造性的破坏"，从而推动经济的发展。英国萨塞克斯大学科学政策研究所的沃尔什等人将熊彼特的理论提炼出企业家创新模型，即熊彼特企业家创新模型Ⅰ，该模型强调企业家在整合生产要素实现创新的作用（见图 2.4）。

Kirzner（柯兹纳）（1978）提出企业家要能敏锐地感知外部机会，并能够及时、准确地抓住市场获利机会。而机会的感知、捕捉和利用的过程正是企业开展创新的过程。Drucker（德鲁克）（1985）在 *Innovation and Entrepreneurship*（《创新与企业家精神》）一书中指出真正的企业家能不断创新,能发掘资源并赋予资源一种新的能力,并把它转化为财富。因此,企业家与创新是紧密相关的,企业家核心的职能是创新,创新的开展和有效实现离不开企业家的作用。

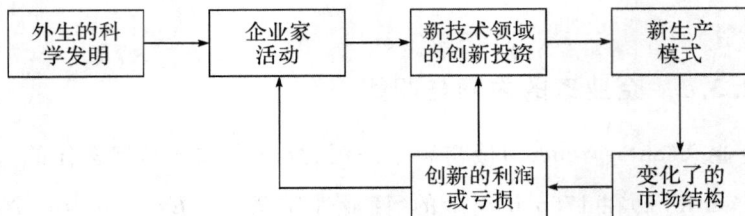

图 2.4 熊彼特企业家创新模型Ⅰ

资料来源:Rothwell G,Rothwell R,Zegveld W,1985。

2.3.2 企业家社会资本

根据 Nahapiet 和 Ghoshal(1998)的观点,社会资本真实的潜在的嵌入个人或社会组织所拥有的关系网络的资源总和。企业家作为企业与外部环境交互作用中的关键角色,其行为大量地嵌入社会网络。与企业一般员工相比,企业家花更多的时间来构建网络关系(Peng,Luo,2000;Acquaah,2007)。企业家的社会网络嵌入性构成了他们在企业经营管理过程中获取外部资源的一种有效方式,并由此激发了学者们对企业家社会资本及其作用的研究热情。

2.3.2.1 企业家社会资本的内涵

目前学者们在研究企业家社会资本内涵的界定时大体可以分为以下两种:

(1)基于社会网络的视角来界定企业家社会资本(网络视角)。网络视角继承了 Burt(1992)的“结构主义”思想,认为企业家社会资本产生于行为主体的外部社会关系网络,强调企业家社会网络的结构特征,包括企业家社会网络规模、结构洞、连接强度、中心化程度等结构指标(Brüderl,

Preisendörfer,1998;Zheng,2010;李路路,1995;周小虎,2002;张玉利,2004)。

（2）基于资源（广义的资源，包括能力）的视角来界定企业家社会资本（资源视角）。资源视角强调企业家社会交往对象背后的资源，认为企业家社会资本是嵌入企业家社会网络以及与外部行为者的关系的资源（Nahapiet，Ghoshal，1998；Lin，1999；Peng，Luo，2000；Batjargal，Liu，2004）以及企业家摄取或者动员嵌入个人社会网络的资源的能力（石秀印，1998；边燕杰，丘海雄，2000；马文彬，2009；贺远琼，田志龙，陈昀，2008）。

基于社会网络的视角和基于资源的视角对企业家社会资本的界定存在着一定的共性，表现在：第一，企业家社会资本来源于企业家的社会关系网络（内外部社会关系网络）；第二，本质上是互惠共同体，具有信任和规范的机制；第三，体现的是调动网络资源的能力（杨鹏鹏，万迪昉，王廷丽，2005；吕淑丽，陈荣耀，刘海峰，2009；李淑芬，2011）。

本书将企业家社会资本界定为发生在企业家与企业外部利益相关者（用户、供应商、科研机构、政府、银行等）之间的能够帮助企业获取其他社会行动者所拥有的稀缺资源的网络化联系。企业家建立这些网络关系的基本出发点是获取企业发展所需的信息和资源（Geletkanycz,Hambrick,1997；Batjargal,Liu,2004）进而促进企业成长。因此，本书将企业家资本看成企业家应用关系能力。

2.3.2.2 企业家社会资本的构成与测量

学者们对企业家社会资本概念的界定不同，对企业家社会资本的构成维度和测量方法也各有差异（石秀印，1998；边燕杰，丘海雄，2000；边燕杰，张文宏，2001；Peng,Luo,2000；Acquaah,2007；Cao,Simsek,Jansen,2012；Kemper,Engelen,Brettel,2011）。

与企业家社会资本概念的界定相对应，在划分企业家社会资本的构成维度时也大体存在两条脉络。

一是基于国外市场经济背景，将社会资本分成结构维度、认知维度和关系维度。代表性学者 Granovetter(1995)提出了两维度的社会资本划分方式,具体为结构嵌入维度和关系嵌入维度。在此基础上,Nahapiet 和 Ghoshal(1998)提出了三维度的划分方式,分别为结构维度(包括结构洞、连接强度、网络中心性等)、关系维度(信任、合作等)和认知维度(价值观、共同愿景等)。Nahapiet 和 Ghoshal(1998)提出的三维度社会资本划分方式被后人广泛地引用。Kemper 等(2011)基于 Nahapiet 和 Ghoshal(1998)提出的三维度社会资本划分方式,具体研究了管理者关系应用、信任和团结一致三个构成因素。管理者关系应用指"两个团体之间关系的紧密性和交流频率"(Levin,Cross,2004),是结构维度的重要构成(Acquaah,2007);信任作为企业家社会资本的关系维度的重要构成,表示了行为者之间关系的质量(Atuahene-Gima,Murray,2007);团结一致性(solidarity)是社会资本的认知维度的重要构成要素(Nahapiet,Ghoshal,1998),强调网络/关系成员间的合作和目标一致性,有利于促进资源交换,减少机会主义行为的发生(Nahapiet,Ghoshal,1998)。在具体测量时,研究者将焦点更多放在结构维度上,采用"位置生成法"从网络规模、网络密度、网络资源、网络异质性等方面来测量(Aldrich,Rosen,Woodward,1987;Hansen,1995;Ostgaard,Birley,1996)。

二是基于新兴经济体或者转型经济背景对社会资本维度进行划分。边燕杰和丘海雄(2000)结合中国特征,提出了社会资本的三个维度,包括纵向关系维度、横向关系维度和社会关系维度。Peng 和 Luo(2000)将企业家社会资本分成与其他企业的高层管理者建立的关系和与政府官员建立的关系。商业关系包括与供应商、购买者以及竞争者建立的关系;政治关系是指与各级政府部门(中央政府、地方政府以及支持性机构等)建立的关系。这两类关系是企业家社会资本的本质内容(Shu,Page,Cao,et al.,2011)。除了商业关系和政治关系外,有些学者提出了管理者关系的第三个维度,如与社区领袖(community leaders)(Acquaah,2005)、与行业协会的关系资本(陈爽英,井润田,邵云飞,2010)、企业家技术社会资本(耿新,张体勤,2010)等。目前对新兴经济体或转型经济背景下的企业家社会资

本划分,最常用的是 Peng 和 Luo(2000)提出的两维度划分方式(Park,
Luo,2001;Li,Zhang,2007;Li,Poppo,Zhou,2008;Shu,Page,Cao,et al.,
2011;Sheng,Zhou,Li,2011;Luo,Huang,Wang,2011)。在具体测量时,
从管理者关系角度探讨企业家社会资本的研究分别应用了直接测量和间
接测量的方式。直接测量主要采用利克特七点量表进行打分,分别从与买
方企业、供应商企业、竞争性企业的管理者建立的关系来测量商业关系;从
与不同层次的政府、产业组织、监管部门和支持性组织来测量政治关系,比
如税务部门、国家银行、工商部门等(Peng,Luo,2000;Li,Zhou,Shao,
2009)。除了直接测量外,还有些学者应用间接测量的方式来衡量企业家社
会资本,比如用哑变量表明特定的关系存在性,或者运用一个连续变量来测
量管理者在构建和维持关系上的投入,比如招待费支出(entertainment
expenses)、企业的合作伙伴的数量等(Fung,Xu,Zhang,2007;Zhang,
Fung,2006;Li,Zhou,Shao,2009)。

2.4 企业家、企业家社会资本与创新的关系

2.4.1 企业家对企业创新的影响

目前学者在研究企业家与创新之间关系时,采用了不同的研究视角对
创新过程中企业家的作用进行研究,大致可以分成两类。

其一,从企业家人力资本的视角,探讨企业家人口特征和个体心理特质
等方面对企业创新的影响(Kirzner,1978;Priem,Rasheed,2006;Alam,Jani,
Omar,2011;贺小刚,李新春,2005),包括风险容忍(Barron,Harrington,
1981)、经验的开放性(openness to experience)、自信(self-confidence)、创
造力(West,Wallace,1991)、独立性/自主性(Shane,Ulrich,2004;Cromie,
2000)、主动性(Seibert,Kraimer,Liden,2001)、机会识别(Alam,Jani,

Omar,2011)等企业家特质对创新的影响。

而高层梯队理论(Upper Echelons Theory)是支撑企业家人力资本要素与企业创新关系的重要理论基础。Hambrick 和 Mason(1984)开创了高层梯队理论,认为企业高层管理者是影响企业发展的核心因素。早期围绕高层梯队理论展开的研究大部分是利用可以直接观测的人口特征学变量作为代理变量,来研究企业高层管理者对企业成长的贡献。后期研究对高层梯队理论做了发展和延伸,研究层面从企业高层管理者个人的研究拓展到了企业高层管理者团队。尽管高层梯队理论为解释企业成长和企业创新提供了一些新的思路与方法,但它过于强调企业家个体或者团队的内在心理特质,忽视了企业家外部社会属性的理论倾向(巫景飞,何大军,林暐,等,2008)。事实上,任何一名企业家都是社会人,处在一定的社会关系网络中。而嵌入这些社会关系网络的企业家社会资本毋庸置疑是影响企业发展的重要因素。

其二,从企业家社会资本的视角来分析企业家在促进企业创新中的作用(Li,Zhang,2007;Kemper,Engelen,Brettel,2011;Shu,Page,Cao,et al.,2011)。早期对企业家的研究指出,企业家开展工作所处的社会情境是横跨组织边界的(Scott,1990)。企业家相比于企业其他员工,花费更多的时间、精力和资源来建立与商业伙伴和政府部门的关系(Acquaah,2007;Peng,Luo,2000)。而企业家的这种边界扫描活动以及与外部组织/机构之间的交互行为产生了企业家的社会资本。企业家社会资本通过拓宽企业获取外部资源的渠道(Landry,Amara,Lamari,2002),更快地发现外部机会(Dyer,Singh,1998)促进企业培育和发展创新能力,从而提高企业的竞争力和绩效。近年来,从社会资本或社会网络视角研究企业家对企业的贡献逐渐成为学者关注的焦点。

2.4.2 企业家社会资本与企业创新的关系

随着创新模式的演变,社会网络和社会资本逐渐成为创新研究的热点（Subramaniam，Youndt，2005）。企业家作为连接企业与外部组织的重要桥梁，对获取外部资源有着重要的影响。企业家的边界扫描活动以及与外部组织/机构之间的交互行为产生了企业家的社会资本。嵌入个体社会网络的企业家社会资本作为一种微观的建构，会对企业这一宏观层面的竞争优势和绩效产生较大的影响（Peng，Luo，2000；Collins，Clark，2003）。

结合我国转型经济背景，我国企业亟须通过培育创新能力来更好地发展。转型经济具有两个特征：制度不确定性与强调非正式的人际关系的作用（Luk，Yau，Sin，et al.，2008）。我国转型采用的是"渐进主义"的方式，政府在推进重点项目或者支柱产业中有着重要作用。渐进式的转型背景中会存在制度的不确定性问题，而该问题一定程度上会"刺激"企业家通过建立关系网络弥补制度上的缺失带来的信息不对称性（Pfeffer，Salancik，1978；Powell，2003；余明桂，潘红波，2008）。因此，在我国转型经济背景下，企业家社会资本对企业成长有着更为重要的作用。企业家社会资本能有助于企业识别和发现机会，把握资源的存在性、有价性以及可传递性的能力（边燕杰，2006）。

2.4.2.1 企业家社会资本对企业绩效的影响

基于资源基础观的视角，企业家社会资本是嵌入企业家社会网络的有价值的、独特的、无形的资源（Baker，1990；Bourdieu，Wacquant，1992）。这些资源难以被复制，因而给予了掌握这些资源的企业以重要的竞争优势（Barney，1991；Tsang，1998）。而且在转型经济背景下，企业家社会资本起到替代正式制度的作用，帮助企业获取关键的外部资源，并缓解制度、技术和行为的不确定性（Xin，Pearce，1996），因此对企业的成长发挥着重要的作用（Zhang，Li，2008）。

目前国外学者对企业家社会资本和企业绩效的关系研究，大多分析企业家社会资本对企业绩效的直接影响（Peng，Luo，2000）。Peng 和 Luo（2000）分析了管理者关系对企业绩效的影响，并得出管理者关系是获得较好绩效的必要条件。Moran(2005)研究了企业高管的社会资本对管理绩效的影响,并将社会资本分成结构嵌入性和关系嵌入性两个维度,得出结构嵌入性和关系嵌入性对绩效的影响路径是不同的:结构嵌入性在解释更多惯例化的、执行导向的任务上具有更重要的作用,而关系嵌入性在解释新的、以创新为导向的任务时有着更强的解释力。

随着学者对企业家社会资本研究的逐步深入,企业家社会资本对企业绩效的作用路径以及具体的作用情境等主题成为焦点问题。学者们目前对企业家社会资本是否影响企业绩效,以及企业家社会资本如何影响企业绩效进行了探讨,并得到了一些有意义但仍未达成一致观点的结论:

其一,企业家社会资本对企业绩效有何影响?目前学者们多将管理者关系视为企业家社会资本的核心内容,探讨管理者关系对企业绩效的影响,得出了并不一致的研究结果。有学者认为管理者关系与绩效是一个积极的作用,也有学者认为管理者关系对企业绩效的影响呈现出倒 U 型关系(Luo,Chung,2005),还有学者认为企业投入大量的资源用于开发和维持关系会增加企业的社会成本,因而会为企业绩效带来负面的影响(白璇,李永强,赵冬阳,2012)。

其二,不同情境要素对企业家社会资本与绩效之间的影响研究。社会资本可以对组织绩效产生有力的积极影响的同时,也会限制"对信息的开放性以及做其他事情的可选择方式,产生集体盲目性,这些有时候会带来灾难性的结果"(Nahapiet,Ghoshal,1998)。最近对社会资本理论的研究表明社会资本的作用会依据某些重要的情景要素而定(Adler,Kwon,2000;Burt,1992;Xiao,Tsui,2007)。Peng 和 Luo(2000)通过对我国 127 家企业的高管的问卷调查,发现企业所有制形式、企业规模、所处行业(制造业和服务业)、行业成长性等要素会影响企业家社会资本与绩效之间的关系。Luo 和 Huang 等(2011)通过回顾现有研究企业家社会资本的文献,发现有三个制度性要素可能在关系和绩效之间起到调节作用:所有制(国有企业和非国有企业)、公司所处位置(中国和国外)、时间(中国制度环境)。有学者基于制度理论提出随着中国制度的不断完善,企业家社会资本对企业成长的作用会逐渐减弱(Peng,2003;Peng,Zhou,2005),但也有学者认为企业家社会资本中内隐的"关系",是具有中国特色的文化内涵,仍对企业成长有着持续的影响(Lu,Zhou,Bruton,et al.,2010)。因此在转型经济的背景下,企业家社会资本是否仍能对企业的成长有促进作用需要进一步探讨。此外,现有研究大多探讨企业家社会资本对绩效的直接影响,较少有研究进一步探究企业家社会资本影响企业绩效的作用机制。Lu、Zhou 和 Bruton 等(2010)指出企业家社会资本作为企业资源的构成内容对企业绩效有着重要的影响,但是这个影响作用需要以组织信息获取能力和适应能力作为中介机制。

2.4.2.2　企业家社会资本对企业创新/创新能力的影响机制

在转型经济背景下,由于市场支持机构、透明的法律、清晰的规则的缺失,企业家社会资本作为对正式制度的补充,可以有效地促进企业创新(Gao,Xu,Yang,2008;谢言,高山行,江旭,2010;Tortoriello,Krackhardt,2010)。企业家社会资本的作用主要体现在它能带来的信息、影响力和团结程度等三方面。这有助于企业更有效地运作,并更有效地开展竞争(Adler,Kwon,2002)。Blyler 和 Coff(2003)以及 Tsai(2006)认为在企业家对企业创新的作用机制中最核心的内容是获得并促进资源流动。

目前国内外学者从不同的研究视角探索了企业家社会资本对企业创新的影响,大体可以分成两条脉络(具体见图 2.5)。

脉络一:企业家社会资本有助于企业战略决策。Larson(1992)发现与外部联系人之间社会交往频繁的企业家所获取的相关商业信息更加丰富,从而有助于提升企业家对特定商业活动的深入认识和理解。交往圈子广泛的企业家更容易识别到常规商业活动中难以被其他人发现的顾客需求,更快、更好地把握机会,并且能广泛地评价机会的价值(Singh,1998;Moran,2005)。Geletkanycz 和 Hambrick(1997)指出企业家社会资

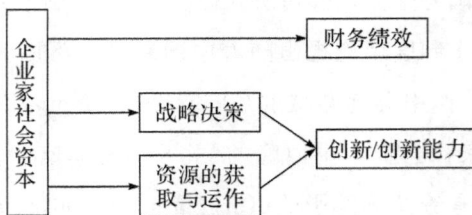

图 2.5　企业家社会资本影响企业财务绩效和创新的理论脉络

本对企业战略决策的信息影响表现在两个方面：一方面，形成了企业家对环境的认识，影响信息的获取以及对信息的解释；另一方面，为企业战略决策提供了备择方案。Mosakowski(1998)指出企业的战略选择对企业家社会资本与企业竞争优势之间的关系起到中介的作用。Landry、Amara 和 Lamari(2002)将企业创新决策划分成两个不同阶段，即决定是否开展创新以及该创新活动具有多大程度的创新性，并探索企业家社会资本对上述两个不同的创新决策阶段的影响，得出多样化的社会资本对企业开展创新活动的可能性和创新的根本性程度有着积极影响作用。更进一步，学者们分析了不同维度的社会资本对企业战略决策的不同影响。陈爽英、井润田和邵云飞(2010)区分了民营企业家银行关系资本、协会关系资本以及政治关系资本对企业研发投资决策的不同影响，得出：民营企业家银行关系资本、协会关系资本均对民营企业研发投资决策有着显著的正向影响，但民营企业家的政治关系资本对民营企业的研发投资决策有着消极的影响。因此，企业家社会资本为企业家做出战略决策提供了信息的来源，有助于企业家发现创新机会，提高决策的能力和水平。

　　脉络二：企业家社会资本有助于资源的获取与运作。企业家社会资本可以带来与其他代理者的大量交互，因此提供获取外部资源的必要的通道/渠道，并对知识交流和知识组合产生"衔接效益"(Shu,Page,Cao,et al.,2011)。Peng 和 Luo（2000）研究发现管理者的商业关系和政治关系均有利于企业获取稀缺资源，从而促进企业成长，但是没有进一步探讨两类管理者关系影响企业成长的内在机制。后来一些学者开始进一步探讨企业家社会资本与企业创新的关系,重点关注企业家社会资本对知识获取、转换和利用的影响。Yli-Renko、Autio 和 Sapienza(2001)基于对英国的 180 家新创高技术企业的分析,检验了企业家与外部关键顾客建立的社会资本对知识获取和知识利用有着重要的影响。Dhanaraj、Lyles 和 Steensma(2004)指出企业家的关系嵌入性对显性知识和隐性知识的转移有着重要影响,其中关系强度、信任和共享的价值体系在促进隐性知识转移中有着重要作用。高展军和江旭(2011)指出企业家社会资本有助于获取外部的市场知识、研发知识和管理知识。但是除了知识以外,资源还包括非知识类资源,即资产类资源。资产类资源,尤其是资金,是企业开展创新活动的重要物质保障(朱秀梅,李明芳,2011)。朱秀梅和李明芳(2011)根据资源的类别和特征,将资源分成知识类资源和资产类资源,并进一步探讨了创业网络的结构、关系等变量对企业资源获取的影响,得出创业网络的不同维度对知识类资源获取和资产类资源获取的影响具有动态性和复杂性。此外,有些学者从内部社会资本角度阐述通过社会资本获取的外部资源如何在企业内部与现有资源进行整合,进而促进企业创新的过程。Tsai 和 Ghoshal(1998)认为组织内部网络成员的频繁互动有助于形成共同认知和信任关系,改善组织各部门间信息、资源交换状态并有效促进企业创新。综上所述,企业家可以通过外部网络来获取所需的资源,通过内部网络来更有效地配置资源和利用资源。

企业家社会资本对企业创新活动和企业成长绩效有积极影响,但还需要关注企业家社会资本可能对企业带来的不利影响。Adler 和 Kwon(2002)指出了社会资本的两面性,即收益与风险并存。目前学者认为企业家社会资本负面影响主要体现在三个方面:束缚创新思想、限制决策自由、投入过量资源(李永强,白璇,赵冬阳,2010;白璇,李永强,赵冬阳,等,2012)。束缚创新思想具体表现为强连带虽易于产生信任、促进资源共享,但是会阻碍企业吸纳新的成员,不利于异质性资源导入(Portes,2000);限制决策自由表现为网络成员默认的规范会限制彼此之间的自由;投入过量资源表现为企业家维系与外部利益相关者的关系需要投入大量的资源,当维系关系投入大于维系关系所带来的收益时,会成为企业的一种负担(Riley,Eckenrode,1986)。

2.4.3　现有关于企业家与创新关系研究的局限性

企业家的核心职能是创新。目前,企业家社会资本逐渐成为学者们研究企业家与创新之间关系关注的焦点。本书将企业家社会资本界定为企业家从所嵌入的外部网络关系中获取稀缺资源和信息的能力。企业家建立这些网络关系的基本出发点是获取企业发展所需的信息和资源(Geletkanycz,Hambrick,1997;Batjargal,Liu,2004),进而促进企业成长。基于对现有有关企业家社会资本研究的回顾和评述,本书将企业家资本分成两类,分别为企业家商业资本和企业家政治资本。

目前研究对企业家社会资本对企业创新/创新能力的作用机制研究探讨主要有两条理论脉络。

其一,企业家社会资本能促使企业做出有效的战略决策。即企业家社会资本为企业家做出战略决策提供了信息的来源,有助于企业家发现创新机会,提高决策的能力和水平。

其二,企业家社会资本有助于企业获取外部的资源。即企业家可以通过外部网络来获取所需的资源,通过内部网络来更有效地配置资源和利用资源。

沿着上述两条研究脉络,学者们回答了企业家社会资本是否会影响企业创新的问题,从理论上肯定企业家社会资本对企业创新的积极作用,但是较少有研究结合实证材料进一步探索企业家社会资本以什么样的方式、在什么样的条件下影响企业创新(Moran,2005;Zhang,Zhang,2006)。Zheng(2010)及Payne、Moore和Griffis(2011)建议,未来对社会资本与创新关系的研究需关注:第一,社会资本的不同构成如何影响企业创新能力

（Payne，Moore，Griffis，2011）；第二，在企业成长阶段中，社会资本与内部资源（比如智力资本）如何共同作用于企业创新。

2.5　资源获取

2.5.1　资源的概念与分类

Wernerfelt（1984a）将企业资源定义为"任何可以被看成是某给定企业优势或劣势的东西，更正式地说，在给定时间里，那些半永久性属于企业的有形和无形资产，比如品牌名称、企业内部的技术知识、员工的技能、交易合同、机器、有效的流程、资金等"。Barney（1991）指出，企业控制的所有资产、能力、组织过程、企业属性、信息和知识等，这些资源使得企业能够构思并实现提高效率和效果的战略。朱秀梅和李明芳（2011）将企业资源分成资产类资源（proprietary-based resources）和知识类资源（knowledge-based resources）。资产类资源主要是指企业投入的有形的资源，包括资金、物质、人力资源等；而知识类资源是指企业对有形资源进行整合和转化的资源（Wiklund，Shepherd，2003），包括技术、市场、管理、生产运作等方面的信息和知识。因此，本书借鉴朱秀梅等学者的划分方式将资源分为资产类资源和知识类资源（见表2.1）。

表 2.1　资源的类别和特点

分类依据	资源类型	描述及特点	文献来源
资源形态	有形资源	厂房、设备、土地、自然资源、原材料等	Wernerfelt（1984a）；Hitt，Hoskisson，Ireland，et al.（1991）
	无形资源	技术资源、创新资源、文化、企业声誉等	

续表

分类依据	资源类型	描述及特点	文献来源
资源属性	物质资源	厂房设备、原材料等	Barney(1991);Haber,Reichel(2005)
	人力资源	管理者和员工的培训、经验、判断、智力、关系、洞察力等	
	组织资源	企业正式的组织结构,正式与非正式的计划、控制与合作系统、企业内部部门间以及企业之间的非正式关系等	
权利属性	知识类资源	对有形资源进行整合和转化的资源,包括技术、市场、管理、生产运作等方面的信息和知识	Das,Teng (2000a);朱秀梅,李明芳(2011)
	资产类资源	投入的有形的资源,包括资金、物质、人力等资源	

　　本书企业创新能力的研究评述部分指出,企业资源是创新能力的基础支撑层,对提升企业创新能力,进而形成企业竞争优势有着重要的作用。Amit 和 Schoemaker (1993)区别了资源和能力,认为资源是企业拥有或控制的要素集合,包括可以交易的知识(如专利和许可)、财务或物质资产(如厂房、设备)、人力资本等;能力是指企业通过组织过程配置资源来影响企业目标的才干。

2.5.2　资源获取的内涵与构成

　　Amit 和 Shoemaker(1993)认为资源的本质属性不在于"所有",而在于"可利用"。资源获取作为企业利用外部资源的一种表现形式,对企业发展有着重要的影响。资源包括资源存量和资源流量(Boccardelli,Magnusson,2006)。资源存量是指企业长期累积的资源,是企业各项经营活动的基础;资源流量是企业资源的流动部分,可以代替或增加企业现有的资源。企业可持续竞争优势的维持要求企业不断地导入新的资源以弥补企业现有资源存量的不足（Kogut，Zander，1992；Zollo，Winter，2002；Zott，2003）。资源存量和资源流量是实现企业资源积累必不可少的内容，因为每种资源都会有折旧。资源的性质和应用不同资源所处的外部环境的变化速度决定了资源折旧的速度。

本书主要关注企业资源流量，特别是企业家依托所建立的社会关系获取的资源。基于这一思想，资源获取表现为企业家在识别并确认企业所需资源的基础上，通过各种途径得到所需资源并为企业所用的过程。资源获取从不同的角度解读包括不同的理解和含义，资源获取可以指资源获取的结果、效率、质量、能力等。

较为常见的是按照资源类别来分解资源获取。石秀印（1998）从资源类型入手，企业家作为企业与社会环境的"节点"，需要有能力获取政府行政与法律资源、生产与经营资源、管理与经营资源、精神与文化资源等。张方华（2006）按照资源的构成内容将资源获取分成信息获取、知识获取和资金获取三个维度。其中信息获取包括市场信息的获取、技术信息的获取和政府政策信息的获取；知识获取包括市场开发知识的获取、技术研发知识的获取和创新管理知识的获取；资金获取分为政府资金或税收优惠的获取、金融机构贷款的获取、风险投资的获取以及通过技术合作获取外部资源。

有些学者按照资源获取的途径，认为资源获取由资源购买、资源吸引和资源积累三种方式构成（Brush，Greene，Hart，2001；Sirmon，Hitt，Ireland，2007）。资源购买是指利用财务资源杠杆获取外部资源，包括购买厂房、装置、设备等物质资源，购买专利和技术，聘请有经验的员工以及通过外部融资方式获取资金等。资源吸引是利用企业家或企业的社会资本吸引外部的物质资源、技术资源、人力资源和资金等。资源积累主要是指利用现有资源在企业内部培育形成新资源。

此外，还有学者将资源获取既看作一种结果，也看作一种能力。罗志恒等（2009）把资源获取分成资源获取结果和资源获取能力。资源获取结果是行为主体是否获得资源以及可用性,而资源获取能力是指行为主体获取有用资源的能力。

本书从资源类型入手,根据朱秀梅和李明芳(2011)的观点,将资源获取分成资产类资源获取和知识类资源获取。其中,知识类资源是指技术知识/技能、开发新产品所需的知识/技能、市场营销知识/技能、向顾客提供服务的知识/技能、管理方面的知识/技能、开发新市场的知识/技能等六类(Wiklund,Shepherd,2003;朱秀梅,陈琛,纪玉山等,2010)。而资产类资源是指企业的资金、厂房、设备、原材料等(Wilson,Appiah-Kubi,2002)。

2.6   本章小结

创新是企业持续成长,获得长期成功的重要因素(Schepers,Schnell,Vroom,1999),企业需要创新以获得竞争优势,以便更好地生存和发展,企业是否成功取决于内部创新能力的开发情况(Gurisatti,Soli,Tattara,1997)。创新能力是企业有效地开展创新活动的能力基础,是企业获取可持续竞争优势的前提。

目前对影响企业创新能力的前因研究包括企业内部要素和外部要素。结合开放式创新的背景下网络组织的迅猛发展,企业的边界逐渐模糊,影响企业创新的内外部因素通常杂糅在一起共同发挥作用。而企业家是企业与外部环境的关键"节点",对整合企业内外要素促进企业创新活动有着重要作用。早期对企业家的研究指出,企业家开展工作所处的社会情境是横跨组织边界的(Barnard,1968)。相比于企业其他员工,企业家花费更多的时间、精力和资源来建立与商业伙伴和政府部门的关系(Acquaah 2007;Peng,Luo,2000)。而企业家的这种边界扫描活动以及与外部组织/机构之间的交互行为产生了企业家的社会资本。企业家社会资本通过拓宽企业获取外部资源的渠道(Landry,Amara,Lamari,2002),更快地发现外部机会(Dyer,Singh,1998)促进企业创新能力的提升,从而提高企业整体竞争力和财务绩效。目前,随着创新模式从封闭式、单一要素驱动的创新向开放式、全要素驱动的创新转变,创新领域的学者越来越重视社会资本对企业创新的贡献,这为本书的研究提供了丰富的理论基础。

然而,本书通过对理论资料进行梳理后发现现有对企业家社会资本与创新关系的研究还存在以下三点不足之处。

第一,现有对企业家社会资本与企业成长之间的作用关系的研究并未达成一致的见解。Peng(2003)指出在转型经济中,当企业面临的环境更具有竞争性时,先前认为商业成功所必不可少的网络和关系不再是非常重要的。但是也有学者认为,转型背景下企业面临着许多的外部环境不确定性,包括市场环境不确定性以及恶性竞争时,更需要与价值链中的其他成员或者通过与政府部门建立关系来明确公司的定位。因此,在现阶段转型经济的背景下,企业家社会资本是否仍是影响企业成长的一个有效工具,企业家社会资本的不同维度如何影响企业成长等问题还需要进一步研究。

第二,目前较少有研究运用实证材料进一步探析企业家社会资本影响企业创新的内在机制。现有研究普遍认为创新是企业可持续竞争优势的来源,而企业家社会资本为创新提供了获取、整合和利用外部的资源、信息和知识的渠道,因而更多是在理论上肯定了企业家社会资本对企业创新的促进作用(Adler,Kwon,2000),但是缺少实证材料的支撑。企业家社会资本作为嵌入企业家外部网络的潜在资源和现实资源的总和,是企业可得性资源的一种构成。但是这种可得性资源如何转变为企业内部资源(或者促进企业内部资源的生产率)进而为企业创新服务这一过程还不清晰(Moran,2005)。而只有明确企业家如何将嵌入社会网络的资源通过获取和整合过程转变为企业内部可以应用的资源,才能够更好地了解转型经济背景下作为微观构念的企业家社会资本对企业层面的组织竞争优势和绩效的作用过程。

第三,先前研究呼吁要从权变视角检验社会资本对组织的价值,但是主要聚焦在外部环境特征上,比如产业情境、业务领域和所有权类型(Ahuja,2000;Florin,Lubatkin,Schulze,2003;Peng,Luo,2000;Rowley,Behrens,Krackhardt,2000;Uzzi,1997)。这些研究开始探索一些更有趣的问题"企业家社会资本如何起作用?""在什么样的情境下,以何种程度、何种方式发挥作用?"(Powell,Koput,Smith-Doerr,1996)但是其忽略了组织战略活动作为情境变量,对企业家社会资本与企业成长之间关系的权变影响。企业家的商业关系和政治关系可以为公司提供外部的可得资源(Geletkanycz,Hambrick,1997),这种可得性资源转换为企业可利用的资源,并实现资源价值的过程受到企业根据对外部环境的认知所形成的战略导向的影响。因此战略导向是影响企业家社会资本与企业创新能力之间关系的重要情境要素之一。但是现有研究更多关注的是外部环境特征,而缺乏对企业战略导向这一企业内部情境要素的分析。

因此,本书针对转型背景下我国企业在开展创新过程中面临的外部制度环境不确定性以及内部资源投入匮乏两个现实问题,结合资源基础理论、资源依赖理论和社会资本理论,沿着资源获取这条脉络进一步探析企业家社会资本影响企业创新能力的内在机制,解决以下几个问题:企业家社会资本究竟能带来哪些资源支持?这些资源又如何促进企业创新能力的培育?子研究1和子研究2主要回答上述两个问题。企业家社会资本影响企业创新的过程受到哪些情境因素的影响?子研究3主要解决第三个问题。三个子研究的顺序编排遵循"探索—检验—深化"的基本脉络。首先,通过探索性案例研究初步探索企业家社会资本与企业创新能力之间的关系(子研究1);其次,通过大样本统计分析的方法,实证检验企业家社会资本影响企业创新能力的内在作用机制(子研究2);最后,基于大样本数据,进一步分析权变视角下企业家社会资本与创新能力的关系(子研究3)。

3

企业资源集聚影响企业创新能力的
探索性案例研究

▼

传统资源基础观认为企业内部具有价值性、稀缺性、难以模仿性、不可替代性等特征的资源是企业可持续竞争优势的来源(Barney,1991),忽视了企业与企业之间独特的关系资源也是企业具有可持续竞争优势的重要来源之一。事实上,现代企业的发展,如果仅仅依赖企业所拥有的内部资源是远远不够的。在开放式创新的背景下,企业如何有效获取外部资源,并整合企业内外部资源为企业创新所用,将直接关系到企业竞争优势的获取和维持。本章将在文献综述的基础上,采用探索性案例研究,通过案例内部分析和案例间对比分析,构建本书的初始概念模型。

3.1 引 言

在当前开放、动态、网络化的环境中,资源具有分散且迅速变化的特征,单个企业凭借自身资源很难持续开发或者获取最佳创新(刘洋,魏江,江诗松,2013)。传统资源基础观主张的企业内部独特的资源是企业可持续竞争优势来源的观点面临着不少挑战。在网络环境下,Barney (1991)所阐述的具有价值性、稀缺性、难以模仿性和不可替代性特征的战略性资源并不一定存在于企业内部,还可以嵌入企业或者企业高管的社会网络,表现为企业可以动员和获取的外部资源(Mowery,Oxley,

Silverman,1996)。企业竞争优势不仅由自身的资源禀赋所决定,还受到嵌入外部社会网络的可得资源的影响(Lavie,2006b)。因此,研究当前网络环境下企业竞争优势的来源需综合分析企业资源积累和资源获取两种机制(Maritan,Peteraf,2011)。

而企业家作为连接企业与外部组织的关键桥梁,在整合企业内外部资源促进创新的过程中发挥着重要作用(Singh,1998;Acquaah,2007;Peng,Luo,2000;Landry,Amara,Lamari,2002)。在这一过程中,企业家社会资本作为企业家与外部利益相关者(或外部行为者)所建立的网络化联系,能获取企业发展所需的信息,拓宽企业家视野,并成为企业获取外部资源的重要渠道(Geletkanycz,Hambrick,1997;Batjargal,Liu,2004)。

本书基于资源基础观和社会网络理论,综合考虑企业家社会资本与企业资源积累的共同作用,尝试揭示转型经济背景下企业创新能力提升机制。这是因为:第一,企业家社会资本作为非正式制度的构成内容,是对当前制度缺失(institutional voids)的一个补充。这对分析转型经济背景下企业如何有效地提升创新能力这一问题更具意义。第二,企业家社会资本是企业获取外部资源的重要渠道,将其与企业资源积累整合在一个框架下分析,整合了资源获取(resources acquisition)机制和资源积累(resources accumulation)机制,可以更全面地探讨影响企业创新能力提升的要素。

本书将采用案例研究的方法,探寻企业资源积累和资源获取对企业创新能力提升的作用机制。本书主要包括五部分内容:问题提出;文献回顾与本书研究框架的提出;介绍案例研究方法与数据收集过程;深入剖析案例;研究结论与讨论。

3.2 理论回顾

3.2.1 基于传统资源基础观的能力构建

资源基础观认为企业因掌握的资源不同而彼此存在差异。资源基础观把企业看成是资源束,并认为资源的特征很大程度上决定了企业的竞争优势以及企业绩效(Barney,1986,1991;Penrose,1959;Peteraf,1993;Wernerfelt,1984a)。资源的特征主要包括四项:稀缺性、有价值性、不可替代性、难以模仿性(Barney,1991;Dierickx,Cool,1989;Peteraf,1993;Reed,DeFillippi,1990)。资源基础观认为公司追求创新战略主要是聚焦在积累无形的资源,从而实现生存或者发展。

除了强调资源的特征,资源基础观另一个重点是讨论建立资源的隔离机制。Dierickx 和 Cool(1989)认为资源积累过程具有时间压缩的不经济性(time compression diseconomies)、资产总体效率(asset mass efficiencies)、资产存量的相互关联性(interconnectedness of asset stocks)、资产侵蚀(asset erosion)、因果模糊性(causal ambiguity)等特征,这为其他企业的模仿建立了一道屏障。

因此,早期的资源基础观是对企业内部的资产、技能、能力和知识的研究,通过对这些资源的获取、独占和利用,一个企业可以凭借这些独特的资源获得竞争优势(Ahuja,Katila,2004)。但是资源基础观没有进一步阐述企业拥有的独特资源是如何产生竞争优势的,没有打开"过程黑箱"。而且,传统资源基础观将企业外部的资源和内部的资源对立起来分析,认为两者之间是竞争关系,外部资源是企业竞争者、顾客、供应商等用来模仿或者替代企业内部积累的独特资源并攫取企业利润的手段。因此,传统资源基础观无法回答在企业内部资源有限的情况下,如何获取或维持竞争优势的问题(Mathews,2002)。

随着全球化的进程,企业与企业之间并不是纯粹的竞争关系,而是竞合共赢的关系(项保华,叶庆祥,2005)。企业创新也从封闭、线性的模式向开放、网络化的模式转变。因此,企业在培育创新能力的过程中所需的资源基础不再局限于企业内部资源,而是拓展到企业可得的资源(accessible resources)。Barney和Mackey(2005)指出资源观的进一步发展需要学者们不能再局限于在企业内部讲资源与绩效的关系,而应该将资源观的研究推广到资源存在的任何范围(where resources reside)。

3.2.2　基于社会资本理论的能力构建

在开放式创新的背景下,创新不再是一个孤立的事件,而是一个包括不同行为主体社会交互(social interaction)的过程(Landry,Amara,Lamari,2002)。企业培育创新能力所需的投入除了来自企业自身积累的资源,它的关键性资源还可以通过与外部组织之间的各种联结来获得。社会资本是组织拥有的实际和潜在资源的总和,它源自、嵌入社会组织并通过社会组织占有的关系网络利用资源(Nahapiet,Ghoshal,1998)。近几年,社会资本逐渐成为创新领域研究的热点,被视为企业创新的基石(Subramaniam,Youndt,2005;Zheng,2010)。社会资本理论强调了嵌入社会组织网络的资源的重要性,弥补了传统资源基础观着眼内部而忽视外部资源的不足(Gulati,Nohria,Zaheer,2000;Li,Zhang,2007)。

社会资本的概念最早是由法国社会学家布迪尔(Bourdieu,1986)提出的,他认为社会资本是现实或潜在资源的集合体,这些资源与拥有或多或少制度化的共同熟识和认可的关系网络有关。随后,社会学、政治学、经济学和管理领域逐渐开始运用社会资本这一概念来解释在各自领域中出现的问题。1990年代后期,社会资本概念引进了战略管理领域,开始强调社会资本对企业创新的重要作用。社会资本对企业创新作用体现在:拓宽了企业获取外部资源的渠道,为企业创新活动提供所需的资源;能以较低成本获取真实有价值的信息,有助于企业快速、准确地做出创新决策;有助于建立合作伙伴之间的信任关系,降低了交易成本和创新风险(Hagedoorn,Duysters,2002)。

目前战略管理领域的学者基于社会资本理论来研究企业边界外的有价值的资源对企业创新的作用(Das,Teng,2000b;Dyer,Singh,1998;Eisenhardt,Schoonhoven,1996;Nahapiet,Ghoshal,1998),肯定了企业家社会资本对企业创新的影响作用。但是对于这种影响作用是"积极"的还是"消极"的并未达成一致,如:Blyler 和 Coff(2003)以及 Tsai(2009)认为企业家社会资本有助于企业获取资源并促进资源流动,从而积极地影响企业创新;但也有学者认为企业家社会资本发展到一定程度会束缚创新思想、限制决策自由、投入过量资源,因此对企业创新产生负面的影响(李永强,白璇,赵冬阳,等,2010;白璇,李永强,赵冬阳,2012)。此外,国际学术领域关于社会资本研究,选择的对象主要是发达经济背景下的企业,缺少对处于转型经济背景下的企业的研究。而处在转型经济背景下的企业因内部资源积累不足面临着生存和维持竞争优势上的巨大挑战(Barney,Arikan,2001;Hoopes,Madsen,Walker,2003;Thomke,Kuemmerle,2002);又因制度环境的不确定性,增大了创新的风险(Peng,Luo,2000;Luo,Wang,2011)。因此,在转型经济背景下,社会资本对企业创新的作用更为突出,在后续研究中应关注这一点。

3.2.3　对先前研究的评述与案例研究的理论框架

资源基础理论和社会资本理论从不同的视角探索了企业价值创造的根源,前者认为企业内部积累的资源是企业竞争优势的重要来源,而后者指出嵌入组织社会网络的资源也是企业竞争优势的重要来源。而创新活动需要大量的资源投入。这一方面需要组织资源的支持,比如知识类资源(knowledge-based resources)和资产类资源(proprietary-based resources);另一方面,企业创新活动并不是在封闭状态下进行的,而是需要企业能有效地整合外部资源。因此在探究企业如何培育和提升创新活动的能力基础这一问题时,需要将传统资源基础理论与社会资本理论整合起来,综合分析企业内部资源积累和外部资源获取对企业创新能力提升的作用机制。

在分析社会资本的作用时,本书重点关注企业家社会资本。因为企业家相比于企业员工要花费更多的时间和精力来构建网络关系,他们的行为更多地嵌入社会网络(Acquaah,2007;Peng,Luo,2000)。"企业家作为企业与社会环境的关键'接点',必须有能力为企业获取所需资源,包括行政与法律资源、生产与经营资源、管理与经营资源、精神与文化资源。"(石秀印,1998)Byler 和 Coff (2003)以及 Tsai(2009)认为在企业家对企业创新的作用机制中最核心的内容是获得和促进资源流动。因此,企业家如何把嵌入个人关系的资源转换为企业实际可得的资源为企业经营所应用,成为影响企业创新能力的重要因素。

本书整合资源基础理论和社会资本理论,从资源获取与资源积累两个关键环节探讨企业家社会资本、知识类资源、资产类资源对企业创新能力的构建和提升机制。研究框架见图 3.1。

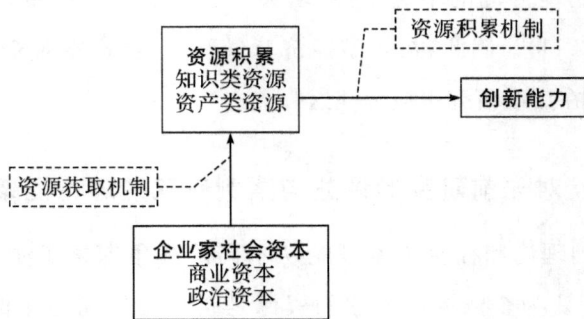

图 3.1　案例研究的理论框架

3.3 研究设计与方法

3.3.1 研究方法选择与案例选择

针对转型经济背景下企业创新能力提升机制的复杂性、动态性等特征，本书采用多案例研究的方法，整合资源基础理论和社会资本理论，分析企业内部资源积累和外部资源获取如何共同影响企业创新能力提升。

本书之所以采用多案例研究的方法，主要是出于以下原因：首先，多案例研究方法适用于探索过程和机理类问题（Eisenhardt，1989）。本书的研究问题正属于这个研究范畴，需要探讨企业创新能力培育和提升过程中资源获取和资源积累两种机制的协同机理。其次，案例研究方法适合于特定情境下的问题研究（Eisenhardt，1989）。本书在探讨企业资源获取机制时，重点关注企业家社会资本作为企业外部资源获取机制的重要内容，如何促进内部资源积累进而影响企业创新能力提升的过程。最后，多案例研究方法有助于获得更为严谨、一般化以及可以验证的理论命题（郑伯埙，黄敏萍，2013）。本书的研究目的是通过多案例研究构建可验证的有关企业家社会资本、知识类资源、资产类资源与企业创新能力提升的理论框架，为后续的基于大规模企业样本的实证研究打下基础，因此本书选择多案例比较研究。

在选择具体研究案例时，根据 Eisenhardt（1989）建议应该选择理论抽样的办法，以尽可能避免外生变异。本书在选择案例的时候参照以下四条标准：第一，案例企业从创立至今仍保持良好的成长，积累了较为丰富的经验；第二，企业创新活动比较活跃，创新能力在行业内处于领先地位；第三，企业家在行业中有较大的影响力，并在企业运营过程中较为注重创新活动；第四，案例一手资料和二手资料的可获得性。

　　结合案例选择的地理接近性与便利性原则,本书选择了两家位于杭州的中小企业作为研究对象,具体依据是:首先,从时间上来看,两家企业的发展都已经超过了国内中小企业平均寿命期,具备一定的能力基础。根据国家工商行政管理总局①2013年报告,我国超过50%的企业寿命在5年以下,而S公司和F公司成立至今分别有13年和11年;其次,两家企业在各自的领域曾都主持或牵头参与国家重点项目,反映了两家企业具备较好的创新能力,为研究企业如何实现创新能力的培育和构建提供了较好的观察点;再次,两家企业的企业家作用较为突出,对所处行业的发展都有重要引领作用;最后,浙江大学创新管理研究团队与这两家企业均保持着密切的联系,为收集一手资料提供了便利。

3.3.2　构念测量

　　案例研究是归纳性的,主要概念应该从数据中涌现出来(潘绵臻,毛基业,2009),同时也应该尽可能应用现有文献中的测量方法。因此从现有文献中选择与数据最为匹配的测量方式是调和上述两者的关键(江诗松,龚丽敏,魏江,2011b)。在第2章文献综述的基础上,通过文献、原始数据、总结之间的多次迭代比较,产生用于构建理论的变量(Greenwood,Suddaby,2006),并最后确定了变量的测量方式。本书主要采用定性、定量相结合的方式来测量企业家社会资本、资源获取、创新能力等变量。本书将企业家社会资本单独地分解出来,主要是考虑到企业家贡献的独特性,企业家不仅为企业的发展提供了创意、直觉、感悟,而且通过建立与外部组织的核心人员的联系能获取创新所需的关键资源,进而影响企业整体的发展。本书涉及的各个构念具体测量方式见表3.1。

---

　　① 2018年3月,十三届全国人大一次会议召开第四次全体会议上,根据国务院机构改革方案,不再保留国家工商行政管理总局、国家质量监督检验检疫总局、国家食品药品监督管理总局,组建国家市场监督管理总局。

表 3.1　构念界定和测量

基本构念	内涵	具体测量	参考文献
企业家社会资本	发生在企业家与企业外部利益相关者(如用户、供应商、竞争者、政府等)之间的能够帮助企业获取其他社会行动者所拥有的稀缺资源的网络化联系	采用案例研究中提供的定性数据,通过评价企业家构建网络行为对企业家社会资本进行界定	Park, Luo, 2001; Li, Zhang, 2007; Li, Poppo, Zhou, 2008; Shu, Page, Gao, et al., 2011; Sheng, Zhou, Li, 2011; Luo Huang, Wang, 2011
知识类资源 (knowledge-based resources)	企业对有形资源进行整合和转化的资源	人:高学历的人员比重;研发人员比重 知识:专利数量;发明专利数量;发明专利比重	Miller, Shamsie, 1996; Das, Teng, 2000; 朱秀梅,李明芳,2011
资产类资源 (proprietary-based resources)	企业投入的有形的资源,包括资金、原材料等	资金:净利润增长率;研发投入强度	Miller, Shamsie, 1996; Das, Teng, 2000b; 朱秀梅,李明芳,2011
创新能力	企业投入一定的创新资源带来创新产出的效率	新产品绩效(客观数据);产品新颖性程度:以"行业新""国内新""国际新"三个水平来表示	Kaplan,1984;Venkatraman, Ramanujam,1986;郑素丽, 2008;Atuahene-Gima, Murray,2007;Tsai,2009

资料来源:笔者整理。

3.3.3　数据收集

案例研究需要保证信度和效度,而整合多种数据来源进行三角验证是提高案例研究信度和效度的一种有效方式(Eisenhardt,1989;Yin,2003),因此,本书采用现场访谈、蹲点观察、问卷收集,以及档案、网络的二手数据检索等多种途径收集数据。其中以访谈数据为主,观察数据、二手数据等作为数据收集的验证和补充。数据来源详情见表 3.2。

表 3.2　案例企业数据来源

公司	访谈		文件档案	观察	媒体资料
	被访者	时间			
S公司	副总裁、总经理、技术经理、项目经理等共二十余次	2012 年 11 月；2013 年 1 月—6 月	集团报、企业内部资料、公司年报	借企业蹲点机会参加公司内部会议	企业网站、媒体报道、行业报告等
F公司	公司 CEO、技术经理、市场部经理等十余次	2009 年 10 月—12 月；2010 年 8 月	公司年报、公司内部刊物	在 F 公司蹲点半年，在这一过程中记录观察资料	企业网站、媒体报道、行业报告等

资料来源:笔者整理。

3.3.4　数据分析

我们首先按照时间序列整理每个案例资料与数据(Eisenhardt,1989；Yin,2003),然后根据这些数据进行单个案例内的分析,分别描述企业创新能力、知识类资源积累、资产类资源积累和企业家社会资本的情况。在分析的过程中,与现有文献进行对比,寻找异同点,试图发现潜在的理论涌现(Eisenhardt,1989)。完成初步的单案例分析后,我们进行跨案例分析,比较案例之间的异同之处,通过复制逻辑优化涌现的模式,并对数据、文献以及从数据中涌现的模式进行反复比较,直到数据和从中涌现的理论之间出现较强的匹配时才停止(Graebner,2009)。

3.4 S公司案例分析

3.4.1 S公司概况

S公司成立于1996年7月,是我国最早从事金融电子化建设的IT(互联网技术)厂商。公司致力于自主产权软件的开发和应用服务,业务领域主要包括金融IT领域和环保科技领域两大块。目前(指研究时)公司拥有员工2967人,其中金融IT领域的专业技术人员有1227名,环保科技领域有专业技术人员150余名,分别占公司员工比重的41.35%和5.05%。S公司自成立之初,提出了"技术领先半步、市场领先半步"的发展战略,突出了企业市场开发与技术发展的竞争导向,强调市场能力和技术能力的培育。S公司围绕标杆客户的需求,开发了一批核心技术,如影像处理技术、安全加密技术、工作流、内容管理等,并通过自上而下的市场推广模式,迅速抢占市场。公司成长数据如图3.2所示。

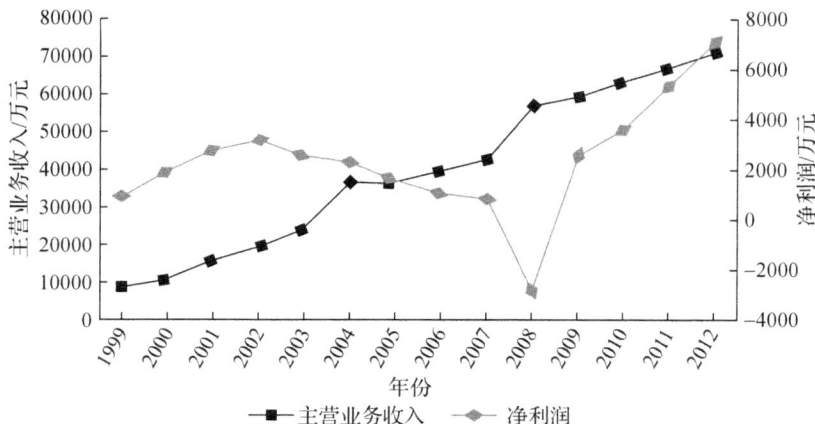

图3.2 S公司成长数据

3.4.2　S公司创新能力的构建和发展

产品开发是构建企业创新能力的根本环节(路风,2006),本书采用新产品创新绩效和产品新颖性程度来测量企业创新能力。新产品创新绩效作为企业创新能力的价值表现,其高低一定程度上可以表示企业所拥有的创新能力的强弱[①]。S公司新产品创新绩效见图3.3。

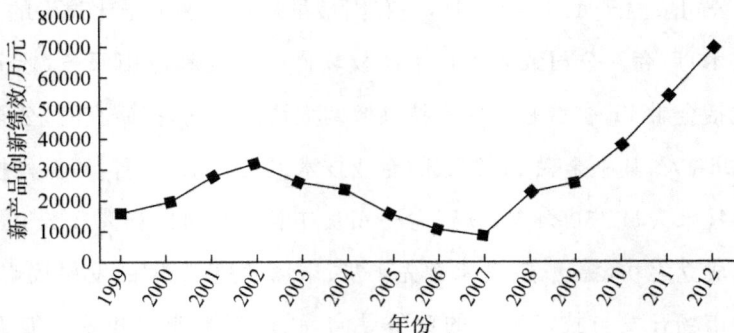

图 3.3　S公司新产品创新绩效

在具体分析过程中,由于本书关注焦点是企业创新能力的发展与演化过程,因此在划分阶段时采取两维标准:第一维标准是"企业总体发展阶段",如初创期、成长期等;第二维划分标准是以企业业务领域拓展为脉络。依据这两个标准,结合S公司的实际情况,将其发展历程分成三个阶段:初创期、成长期1和成长期2。S公司初创期专注于单一业务领域——银行票据文档影像数字化管理领域,实现了快速增长;成长期1,公司进入多元化探索阶段,先后进入了环保、能源、地产等与主业非相关领域,该阶段主营业务收入和新产品创新绩效均处于振荡下降的状态;成长期2企业从多元化战略回归,聚焦于金融IT领域和环保领域,从企业创新绩效来看,该

---

① 由于本书分析企业资源积累与创新能力之间的关系,专利是企业核心技术知识积累的重要形式,因此将专利作为知识积累的重要内容,不作为企业创新绩效。

阶段企业创新能力得到了较大提升。

3.4.2.1 初创期(1996—2002年):单一业务领域

初创期公司在"市场领先半步、技术领先半步"的战略引导下,专注于银行信息化领域开发新产品。该阶段,以企业家个体关系为核心获取企业发展的资源,提供企业创新的能力基础,即企业主要借助外部资源培育企业内部的资源基础,进而构建企业创新能力。

(1)外部资源获取。

首先,企业家个人关系网络有助于企业获取外部市场需求信息。S公司的郭总最初是工商银行浙江省分行科技处的处长,非常了解银行信息化的需求。当时银行每天需要处理15万张至20万张的纸质票据,急需开发电子产品来解决纸质票据处理工作量大的问题。S公司郭总在发现这一需求后,与中国人民银行总行交流,明确了档案电子化的方案,这为初创期的S公司的发展提供了准确的市场定位。

其次,企业家建立的外部关系网络有助于公司获取外部技术信息与知识。S公司郭总通过个人关系网络引入了核心技术人员,并提供了与外部机构开展技术合作的机会,弥补了初创期企业内部知识积累不足的问题。典型事件如:在成立S公司之前,郭总与港商共同创业成立了杭州新利电子公司,致力于证券和银行系统的自动化开发。同行对S公司郭总的评价是"事实上,是他最早发现了这个市场,又为这个产业培养了很多人"。因此,在创立S公司时,郭总依靠先前建立的良好人脉关系,吸引了多名先前在工商银行浙江省分行的核心技术人员加入公司。另一具有说服力的例子是:公司为了推动研发工作,与浙江大学联合成立"浙江大学-S公司计算机信息安全技术中心",在计算机信息安全方面开展多项技术合作。这种基于企业家个人社会关系所构建的企业技术与知识网络,提供了企业创新能力构建的知识基础。曾一军(2007)曾指出,初创期企业家的个人关系网络是企业接触与获取外部资源的渠道,这在S公司初创期的发展中体现得尤为突出。

（2）内部资源积累。

外部资源获取为企业积累内部知识类资源打下了基础。该阶段公司年均研发投入强度为 7.19％，通过实施具体的研发项目，培养了一批核心技术人员并积累了一定的核心技术知识，表现如下。

企业内部人才培养。郭总引入核心技术人员以"师傅带徒弟"形式，通过参与具体的研发项目，培养了一批关键的技术人员。到 2002 年，公司研发人员有 129 人，占公司全体员工的 37.83％。

企业核心知识积累。该阶段公司拥有具有自主知识产权的核心技术包括：金融票据自动处理技术、基于 PC 板卡的客户服务中心技术、自主知识产权的密码算法等。公司研发的自主产权密码算法（SEA）获得国家密码管理委员会办公室（2005 年更名为国家密码管理局）批准。

资金积累。该阶段，企业通过开发新产品并成功推向市场，积累了一定的资金基础。1997 年公司开始盈利，当年的净利润达到 452.19 万元；到 2000 年，公司净利润达到 3201 万元。

（3）创新能力。

该阶段公司先后推出了三款国内首创的（"国内新"）系统集成产品：银行票据光盘缩微系统、电子支付密码系统和客户服务中心系统。赛迪资讯顾问公司（CCID）2001 年 12 月调研报告指出，S 公司的银行票据光盘缩微系统和客户服务中心系统在银行业和证券业的市场占有率均为国内第一；支付密码器系统市场占有率为国内第二。可见，该阶段公司积累了较好的能力基础，并取得了良好的创新绩效。

经过初创期的努力，S 公司进入快速成长的阶段，但由于 S 公司在成长过程中经历了非相关多元化与相关多元化发展的探索，因此，本书将成长期进一步划分为成长期 1（非相关多元化探索阶段）与成长期 2，以及相关多元化探索阶段。

3.4.2.2　成长期1(2002—2008年)：非相关多元化探索阶段

从2003年进入多元化战略探索期，S公司开始探寻当时主导产品(票据光盘缩微系统和呼叫系统软件)之外的其他类型产品，并尝试着进入金融IT领域外的其他领域，包括环保、能源、地产等。

(1)内部资源积累。

经历了初创期，S公司积累了较好的资源基础。资产类资源积累方面，截至2003年，公司累积净利润达到9700多万元，并且随着公司上市(2002年)，通过资本市场募集资金成为企业积聚资金的重要途径。该阶段初期，企业将外部募集的2.38亿资金投向电子文档影像、电子商务、信息安全等技术改进型项目，为该阶段继续积累较好的专业技术知识打下基础。知识类资源积累方面，该阶段公司申请专利总数为20项，其中发明专利为14项，占专利总数的70％。

但是，该阶段中后期公司推行非相关多元化战略，企业创新资源投入分散。2004年至2008年，公司研发投入均值为2.43％，显著低于第一阶段7.29％和第三阶段将近20％的研发投入占比。研发投入不足导致该阶段企业核心人才培养也相对滞后。在访谈过程中，公司技术经理提到"2008年底，公司核心人员的流失是比较严重的"。此外，公司高学历人员的数量和占比也发生了较大变化。2003年公司高学历人员的数量为50人，占比为12.19％，到2008年，公司高学历人员数量为17人，占比为5％。因此该阶段，企业创新能力处于振荡、停滞不前的状态(参见图3.3中2003—2008年企业新产品创新绩效数据)。

(2)外部资源获取。

该阶段企业家关系网络也不断得到拓展。企业家仍维持与原先用户的较好关系，构建了良好的商业资本。典型事件如：S公司郭总仍与浙江省工商银行保持良好的关系。在访谈过程中，公司技术经理介绍"郭总和省工行关系非常密切，会定期去拜访。在这一过程中，发现省工行有无线POS机的需求。当时省工行领导大致描绘了对无线POS机产品的想象"。

在企业成长后期,POS 机产品成为公司主营产品。除了与用户继续保持密切的联系外,企业家与更多的高校建立了良好的关系,包括浙江大学、浙江工商大学、浙江财经大学和杭州电子科技大学等高校(郭总在杭州电子科技大学兼任教授)。与高校等技术合作者建立的外部关系是企业获取外部技术支持的重要保障。最后,郭总与政府部门也保持着良好的关系。郭总曾任杭州市政协委员、杭州市滨江区人大代表,体现了企业家构建政治资本的努力。

(3)创新能力。

该阶段,公司新产品创新绩效出现了显著的下降趋势,2003 年公司的新产品销售额为 2546.6 万元,到 2007 年公司的新产品销售额为 841.3 万元,仅为 2003 年的 1/3。

3.4.2.3 成长期 2(2009 年至今):相关多元化探索阶段

上一阶段非相关多元化战略的探索为公司利润带来了负面影响。2008 年公司出现了较大的亏损。为了扭转亏损的局面,S 公司开始反思非相关多元化发展战略的适合性,从而逐步向主业回归,走向相关多元化发展的路径。

(1)内部资源积累。

资产类资源积累方面。该阶段,S 公司充分利用企业前期积累的资源,集中精力抓金融 IT 和环保科技这两个重点业务领域,实现了净利润的快速增长。2009 年,企业净利润为 2510.3 万元,到 2012 年公司净利润达到 7018.2 万元。该阶段公司净利润年均增长率达到 41.03%。随着公司战略从多元化向主业回归,公司在主业上的研发投入从 2008 年的 2487.7 万元提高到 2009 年的 8059.5 万元,年均研发投入占比高达19.5%。

知识类资源积累方面。在高研发投入的情况下,企业通过研发活动将资产类资源转换为企业知识类资源,积累了较好的核心人才和核心知识,体现为:企业专利总数为 37 项,其中发明专利为 16 项,占企业专利总数的比重为 43.2%;2012 年公司专业技术人员总量达到 1377 人,占公司员工总数的 45.28%。此外,公司在 2011 年年底对 89 名公司中层管理者和核心业务骨干实施了股权激励计划,有效地留住了企业核心/骨干人员。

(2)外部资源获取。

该阶段 S 公司郭总开始拓展与客户企业的关系,从国有银行拓展到城商行、农信社、保险公司、证券基金公司等。同时企业家也逐渐重视与同行之间的联系。2013 年,郭总担任杭商研究会 IT 研究分会会长。并且郭总会定期参加金融峰会,与同行企业交流最新的产品理念。随着企业规模的扩大,企业家的社会网络也由建立在紧密联系基础上的关系向松散的业务关系转变。

(3)创新能力。

该阶段,S 公司扭转了新产品销售额下降的趋势。2008 年,公司的新产品销售额为 2283 万元,到 2012 年,公司新产品销售额达到 6932 万元,增长了近 2 倍。

3.4.3 S 公司案例小结

S 公司各阶段资源集聚与企业创新能力发展情况见表 3.3。通过纵向分析各阶段资源集聚(包括企业内部资源积累机制和外部资源获取机制)与创新能力情况得出:其一,随着企业发展,企业家外部网络边界在不断拓展,从最初与关键用户的紧密联系到松散的商业联系;其二,在企业创新战略不明确的情况下(成长期 1),企业即便拥有良好的知识类资源、资产类资源以及企业家社会资本,也不能很好地促进企业创新能力提升。

表 3.3　S 公司案例总结：资源集聚与企业创新能力

要素积累			初创期	成长期	
				成长期 1	成长期 2
资源集聚	企业家社会资本	商业	与关键用户有着良好的关系，如工商银行浙江省分行	与工商银行浙江省分行仍维持良好的关系；与高校、科研院所建立良好关系（在杭州电子科技大学任职）	建立更广泛的商业关系；担任杭商研究会 IT 分会会长；定期参加金融峰会，交流最新的产品理念
		政治	任浙江省高新技术产业化促进会第一届理事会常务理事	任杭州市政协委员、滨江区人大代表	维持良好关系（类似于前一阶段）
资源集聚	知识类资源	人	硕士及以上员工占比 12.3%；研发人员占比 37.83%	硕士及以上员工占比 6.45%；研发人员占比 33.13%	硕士及以上员工占比 3.88%；研发人员占比 45.28%
		知识	专利总数 4；发明专利 1（占比 25%）	专利总数 20；发明专利 14（占比 70%）	专利总数 37；发明专利 16（占比 43.24%）
	资产类资源	资金	研发投入占比 7.19%；净利润增长率 44%	研发投入占比 3.24%；净利润增长率为负	研发投入占比 19.5%；净利润增长率 41.03%
创新能力	新产品绩效		2390.5 万元（占比 17.58%）	1752.4 万元（占比 5.76%）	4620 万元（占比 6.17%）
	产品新颖性		国内新	行业新	行业新

注："新产品绩效"数据后的百分比表示新产品销售额占公司所有产品销售额的比重。

3.5 F公司案例分析

3.5.1 F公司概况

F公司是一家由留学回国人员创办的高新技术企业,成立于2002年。F公司主要从事应用于环境监测、工业过程分析和安全监测领域的高端分析测量仪器的研发、生产和销售,并提供完善的技术支持和售后服务。2012年,公司拥有员工1627人,其中管理人员和专业技术人员占比达到7.8%和12.11%。F公司连续三年作为唯一的分析仪器企业入选中国最具生命力百强企业,并连续四年上榜"福布斯-中国最具潜力企业百强"(2011年排名第七)。公司成长情况见图3.4。

3.5.2 F公司创新能力的构建和发展

与S公司案例阶段划分标准一致,本书在划分F公司发展阶段时,聚焦于企业创新能力的发展与演进,综合考虑企业总体发展阶段和业务领域的拓展,将F公司的发展历程分成三个阶段:初创期、成长期1和成长期2。初创期F公司专注于单一技术(半导体激光技术)和单一业务领域(钢铁行业),实现了从实验技术向应用型技术以及产品的转化。成长期1公司拓展了公司技术领域,开发了紫外分光技术,进入了气体监测领域,但该阶段技术应用领域仍以工业领域为主。成长期2公司业务领域从工业领域向环保领域转变,搭建了多技术平台,从提供单一产品向提供解决方案转变。

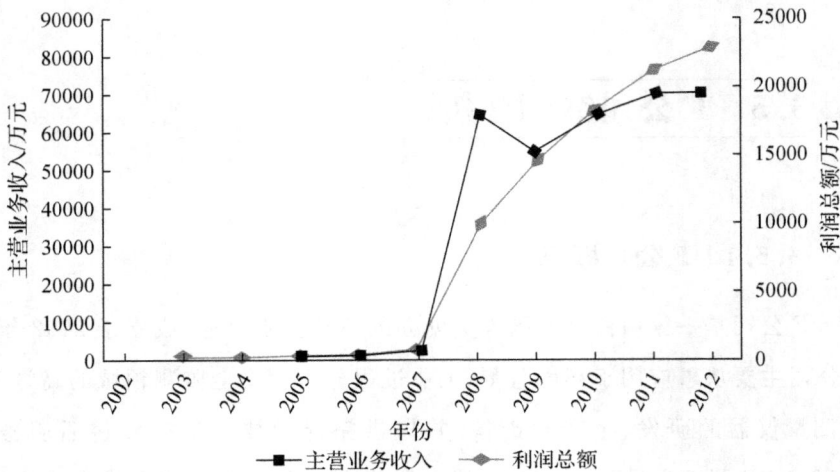

图 3.4　F 公司成长绩效数据

3.5.2.1　初创期(2002—2004 年):单一技术单一业务领域

在 F 公司成立之初,我国高端大型气体分析仪器几乎全部依赖进口。国内有研发和生产高端分析仪器能力的企业非常少,每年超过 100 亿美元的市场份额基本上被国外的大企业所占领。F 公司在半导体激光吸收光谱技术平台基础上,研发了激光在线气体分析系统,撕开了钢铁领域高端分析仪器市场的口子。

(1)外部资源获取。

初创期,企业家人力资本和社会资本构成了企业重要的资源基础。首先 F 公司的两位创始人的能力有很好的互补性。创始人之一王总是斯坦福大学机械工程系博士,主要从事激光尾气监测实验研究,毕业以后曾在美国半导体激光器公司工作,精通技术;而姚总是斯坦福商学院的硕士,回国前曾在阿里巴巴美国公司上班,具有很敏锐的商业嗅觉。企业家所掌握的技能和知识是影响企业创新能力构建和企业竞争优势的核心因素(Hambrick,Mason,1984)。

其次,企业家个人关系网络为企业构建创新能力提供了重要的资产类资源。典型证据1:初创期,F公司姚总拿着商业计划书找到同在美国硅谷的宁波老乡、斯坦福大学校友的网讯公司创始人朱敏,谈融资的事宜。"一共谈了三次,只花了一周时间,朱敏就决定给我们投'天使基金'60万美元。"这笔资金是F公司开始正式运作的基础。典型证据2:从实验技术到样机推出整整经历了两年时间,在这段需要投入大量资金用于研发而且没有任何收益的时间里,公司曾面临现金流极度紧张的困境。姚总依靠先前在阿里巴巴美国公司工作建立的"圈子",募集到10万美元的天使基金,解决了当时面临的资金困境。通过上述两个典型事件,可以看出,初创阶段企业家社会资本为企业构建创新能力提供了重要的资金来源。

最后,企业家社会资本有助于企业获取知识类资源。2002年F公司王总深刻体会到国内在高端分析仪器领域科研人才的匮乏。为了培养掌握尖端技术的科研人才和组建创新团队,王总与杭州电子科技大学建立良好的关系,吸引应届毕业生进入公司,为进一步培养掌握尖端技术的科研人才和组建创新团队提供了人力资源基础。此外,王总聘请在斯坦福学习期间的导师作为公司的技术顾问,为公司创新能力的发展提供了重要的外部技术知识支撑。

(2)企业内部资源积累。

通过企业家个人关系获取的外部资源为企业内部积累资源打下了基础。该阶段企业内部资源积累体现如下。

知识类资源积累。初创期,企业家面临国内高端分析仪器领域科研人才匮乏的局面,除了借助外部技术力量外,强调企业内部人才培养。企业家王总自身技术能力很强,在前两年的产品研发过程中亲自带30多名研发人员埋头苦干,形成了公司的核心研发团队。与此同时,在研发项目的开展过程中,公司通过研发资源的投入(包括资金和人)积累了一定的核心技术知识。初创期,公司募集的资金(2004年之前公司未盈利)基本上用于研发投入。截至2004年,公司申请的专利总数为9项,其中发明专利为3项。

资产类资源积累。随着 2004 年激光在线气体分析系统成功推向市场,公司的主营业务收入达到 120.15 万元。因此,在外部获取资金和内部培养人才的共同作用下,企业积累了一定的知识基础,进而开始构建企业创新能力。

(3)创新能力。

F 公司依靠内部的核心研发团队的力量,研发了激光在线气体分析系统,撕开了钢铁领域高端分析仪器市场的口子。初创期,F 公司主要是建设单一技术平台——半导体激光吸收光谱技术平台、开发单一产品——半导体激光气体分析仪。F 公司从 2002 年成立之初开始投入力量进行研发,2003 年 12 月开发出第一台样机,2004 年产品逐渐进入市场。2004 年公司实现新产品销售收入 120.15 万元。

经过初创期的努力,F 公司进入快速成长的阶段,从单一技术平台、单一业务领域向多技术平台、多业务领域转变。综合考虑成长阶段企业主要业务领域的变化,将 2008 年列为分界点。2008 年之前,工业过程分析系统是 F 公司主营业务收入的主要来源(占比 62.53%);2008 年开始推出环境监测系统,到 2009 年该系统成为公司主营业务收入的主要来源(占比 54.17%)。此外 2008 年 F 公司扩大生产线,环境监测系统的制造能力得到了快速提升。因此,本书将成长期进一步划分为:成长期 1,即以工业领域为核心的多技术多业务领域,以及成长期 2,即以环保领域为核心的多技术多业务领域。

3.5.2.2 成长期 1(2005—2007 年):以工业领域为核心的多技术多业务领域

在第一阶段基础上,公司积累了一定的资源基础。在企业成长阶段初期,企业开始从单一技术单一业务领域向多技术多业务领域转变。在企业拓展业务领域的过程中,企业所能支配的资源是决定企业进入新业务领域的主要动因(侯杰,陆强,石涌江,等,2011)。

（1）内部资源积累。

企业在第一阶段积累的资源基础上进一步培育新的资源，体现如下。

资产类资源积累。在上一阶段积累的资金基础上，F公司注重现有产品改进的同时也注重新产品的开发，实现了企业利润总额的飞速增长。2005年，F公司利润总额为277.95万元，到2007年达到664.5万元。该阶段公司研发投入占比保持在15%左右。研发投入和研发项目的开展是企业培养核心人才和沉淀新知识的前提。

知识类资源积累。一方面，F公司注重人才培养。F公司企业家王总在访谈中提到"人才培养主要是干中学，在项目中培养人才"。该阶段F公司开始建立自己的研发体系用以培养专业人才。公司在人才培养上采用导师制的形式，新员工进来后，由导师制订辅导计划。在三个月的时间里，导师会保持与新员工的不断沟通，带员工适应企业文化。目前公司拥有由7名博士、125名硕士等共280名高素质人才构成的研发团队。该团队于2009年入选"浙江省首批重点企业创新团队"。另一方面，F公司注重核心知识积累。F公司以渐进性的方式改善半导体激光在线分析系统，并于2005年年底开发完成该产品所涉及的所有关键技术（全部达到国际领先水平）。同时F公司开始研发紫外分光技术和近红外技术，进入国家气体监测领域和食品安全领域。该阶段F公司拥有专利总数30项，其中发明专利数量为14项。为了更有效率地沉淀组织知识，公司专门成立知识产权部，由公司王总直接分管，负责对公司专利进行专利申请的策略、技术的剖析。

（2）外部资源获取。

除了企业内部积累的资源外，企业所具有的网络关系也是决定企业是否能够进入新的领域以及进入何种新领域来培养企业的创新能力的重要因素。首先，凭借企业家的技术权威和广泛的社会网络组建了由国内外院士等专家构成的智囊团，为公司创新活动输入了大量的技术知识。其次，公司高管保持与政府部门、科研机构的良好关系，来获取政策信息和商业信息。公司的市场总监在访谈中说道："我们公司与政府的一些决策机构、协会等都有较紧密的联系。这样的话可以第一时间捕捉信息、技术的发展。此外，大的国企总工退下来，我们也在利用。他们是很有价值、很重要的资源，他们有很多人脉关系。"最后，企业家社会资本有助于企业了解商业信息，最终影响企业商业并购的决策。2006年，公司为了将产品推向石化和空分领域，并购了北京摩威泰迪科技有限责任公司，获得了该公司先前积累的丰富的行业经验和成熟的销售服务网络。因此，企业家与技术专家、高校、行业协会、政府部门等建立的良好关系，不仅有助于企业掌握外部技术、市场、政策等信息的变动，创造商业信息优势，还能为企业带来发展所需的重要知识资源。

（3）创新能力。

该阶段F公司在多领域进行多产品的研发与销售，从工业领域跳到民用市场。首先，将激光在线气体分析系统这一产品的市场领域从钢铁领域向石化领域拓展。其次，企业依靠内部开发和外部兼并的模式进入新细分市场，如依靠内部力量研发紫外分光技术用于烟气监测，同时以兼并形式开发近红外技术用于食品安全监测。2007年年初，基于紫外分光技术的烟气在线分析系统开始进入市场，2008年市场占有率超过20%，成为国内销量第一的烟气在线分析系统。

3.5.2.3　成长期2（2008年至今）：以环保领域为核心的多技术多业务领域

上一阶段后期，F公司在国内在线分析仪器市场中的份额已经达到饱和状态，于是公司开始探索环保领域。该阶段，公司以环保领域作为发展重点，实现了以下几方面的突破：一是，主营业务从流程工业领域向环保领域的转变。2009年公司环境监测系统占公司主营业务收入的比重达到54.17%（之前是工业过程分析系统占很大比重）。二是，制造能力得到快速增强。2008年8月公司增加了大量生产线，实现了产能飞速提升。

2008年,公司的主营业务收入达到3.54亿元,相比于2007年的1781.2万元,提高了近19倍。三是,销售模式从向市场提供产品到向市场提供一体化解决方案的转变。

(1)内部资源积累。

通过前面两个阶段的发展,公司积累了丰富的资源基础。

资产类资源积累。随着2008年企业制造能力的加强,公司主营业务突破了3.5亿元,利润总额达到1.79亿元,为公司这一阶段的发展积累了重要的资产资源。该阶段,公司年均研发费用达到6827.73万元,研发投入比重达到11.12%。研发投入是企业将资产类资源转换为企业知识类资源的关键环节。

知识类资源积累。公司通过投入高额的研发费用,通过"干中学"的方式,在内部培养了一批核心的人员。2011年,公司研发人员数量达到602人,其中拥有硕士和博士学历的人数为197人,占公司员工比例分别为37%和12.11%。此外,在这一过程中,企业也积累了较好的技术知识。以公司申请的专利为例,该阶段公司申请的专利总数为302项,其中发明专利数量为159项,占专利总量的52.65%。

(2)企业外部资源获取。

除了企业的资产类资源和知识类资源外,企业家社会资本也是资源集聚的一项重要构成内容。在企业快速发展阶段,企业家社会资本仍发挥着一定的作用。

首先,企业家社会资本有助于企业获取外部人力资源,为企业战略性人才储备服务。典型证据1:F公司姚总是浙大求是强鹰计划的校外实践导师,而王总是杭州电子科技大学环境与安全检测技术研究所所长。依托企业家与高校建立的关系,以承接实习生的形式,为公司未来发展储备战略性人才。访谈中,姚总指出"公司做到目前的规模可能1000个人就足够了,但是现在有1600个人,差不多将近200人是实习生。公司之所以每年承接很多实习生,主要是通过与实习生的接触,给将来的人才做储备。我们在人才储备上有非常长远的眼光"。因此,企业家与高校建立的联系,有助于企业获取外部人力资源,进而促进企业战略性人才的储备。

其次,在发展环保领域的过程中,企业家努力地构建政治资本,进一步打开市场。F公司进入大型环保监测系统服务领域,承接的项目更多是以政府为代理人的,与政府部门建立良好的关系变得更为重要。企业家构建政治资本的努力用企业家在该阶段担任的与政府部门相关的职务来表示。2008年F公司王总任浙江省环境与安全监测技术重点实验室主任,2009年年底姚总任省环保产业协会会长。2013年,公司企业家均当选省政协第十届常务委员。

最后,随着企业规模的壮大,企业家个人的商业关系逐渐向企业间商业关系转变。与前两个阶段主要依托于企业家个人的商业关系获取外部市场需求信息和知识不同,该阶段F公司主要通过一系列的并购行为获取市场知识和技术知识,并拓宽市场渠道或者进入新的市场领域。在企业成长阶段后期,企业家商业关系隐藏在企业与企业关系的背后,该阶段企业家的外部商业网络具有工具性的特征,基于频繁交易产生的企业家之间的信任转变为一种网络特质,可以有效地维护企业与企业之间的合作关系。

(3)创新能力。

该阶段,F公司以环保领域作为发展重点,2009年公司在环境监测仪器仪表行业,市场占有率达到8.3%,排名第一;在工业过程分析仪器仪表行业也以14.6%的市场占有率位居第一位。F公司连续三年作为唯一的分析仪器企业入选中国最具生命力百强企业,并连续四年上榜"福布斯-中国最具潜力企业百强"(2011年排名第七)。

3.5.3　F公司案例小结

通过上述对F公司各阶段的分析,本书将F公司资源集聚(资源积累机制和资源获取机制)与企业创新能力的情况归纳在表3.4中。

表 3.4　F 公司案例总结：资源集聚与企业创新能力

要素积累			初创期	成长期	
				成长期 1	成长期 2
资源集聚	企业家社会资本	商业资本	与风投机构高管有较好的关系，为企业获得天使基金；与杭州电子科技大学建立良好的关系；依托个人关系引入海外技术顾问	依托企业家的技术权威和广泛的关系网络组建了公司智囊团	与浙江大学、杭州电子科技大学等高校建立良好关系
		政治资本	无政府部门任职	与政府一些决策机构有紧密联系；聘用国企退休员工，利用他们的人脉	任省环境与安全监测技术重点实验室主任；当选省政协第十届常务委员
	知识资源	人	硕士及以上员工数 4（占比 10%）；研发人员占比 75%	硕士及以上员工数 132（占比 13.2%）；研发人员数 280（占比 28%）	硕士及以上员工数 197（占比 12.11%）；研发人员数 60（占比 37%）
		知识	专利总数 9；发明专利 3（占比 33.3%）	专利总数 30；发明专利 14（占比 46.7%）	专利总数 302；发明专利 159（占比 52.65%）
	资产资源	资金	研发投入占比 100%*；净利润增长率 20.15%（年均 100 万元以下）	研发投入占比 13.6%；净利润增长率 68.74%（年均 421.7 万元）	研发投入占比 11.12%；净利润增长率 520%（年均 1.796 亿元）
创新能力	新产品绩效		120.15 万元（将近 100%）	4400 万元（47.3%）	11600 万元（16.8%）
	产品新颖性		国内新	国内新	国内新

　　注："新产品绩效"数据后的百分比表示新产品销售额占公司所有产品销售额比重。

　　* 初创期公司致力于激光在线气体分析系统的研发，并且从 2003 年起公司才开始有收益，前期主要依靠募集的资金投入研发活动。因此此处将研发投入占公司销售收入之比定为将近 100%。

3.6 案例间分析与研究命题

以上分别对 S 公司案例和 F 公司案例进行了独立分析。本节内容首先将上述两个案例的分析结果进行概括总结,以更清晰地反映案例分析结果。本书对 S 公司和 F 公司在企业家社会资本、知识类资源、资产类资源和创新能力的表现进行评判和编码,分为从"低"到"高"的程度评价,依次为"低→较低→一般→较高→高"。在完成初步编码后,笔者邀请公司管理者和研究团队中熟悉这两家企业情况的同学进行打分,然后对结果进行核对和修正(编码结果如表 3.5 所示)。最后在对两个案例进行案例内的纵向分析和跨案例间的对比分析的基础上,总结研究发现,提出相应的研究命题。

表 3.5 案例企业资源集聚与创新能力的汇总与编码

要素积累			F公司			S公司		
			初创期	成长期		初创期	成长期	
				成长期 1	成长期 2		成长期 1	成长期 2
资源集聚	企业家社会资本	商业资本	较高	较高	高	较高	较高	较高
		政治资本	一般	较高	高	较高	较高	较高
	知识资源	人	较高	高	高	较高	一般	较高
		知识	一般	较高	高	一般	较高	高
	资产资源	资金	一般	较高	高	较高	一般	高
创新能力			一般	较高	高	高	一般	高

3.6.1 企业家社会资本与企业创新能力的关系

3.6.1.1 企业家社会资本的动态特征

在企业整个发展阶段中,企业家社会资本并不是静止不变的。其会随着企业发展,逐步拓展边界。案例分析发现:在初创期,企业家社会资本体现为企业家个体与亲戚、朋友等建立的紧密关系;随着企业规模的扩大,企业家社会资本呈现为企业家与用户、供应商、技术合作者、政府等的松散联系。

S公司企业家先前的工作经历以及与用户企业(银行)的管理层建立的紧密关系成为初创期企业获取外部知识和信息的渠道。随着企业规模的变大,S公司企业家社会网络的边界逐渐拓展,除了与五大行有密切联系外,还与大批城商银行、农信社等用户以及浙江省内多所高校建立了良好的关系。此外,随着公司影响力的增大,企业家与地方政府部门之间的联系也逐渐增多,如公司企业家曾任杭州市政协委员、滨江区人大代表等。可见,S公司企业家的社会关系网络在不断拓展,从最初依靠企业家与朋友的紧密联系向与企业外部利益相关者的较为松散的关系转变。

F公司企业家在创业之前曾在阿里巴巴美国公司担任管理者,而且还是北加州北大校友会主席,具有较强的构建社会关系网络的能力。在企业初创阶段,由于产品研发周期长、研发投入大,企业面临着资金困境。F公司企业家依靠自己建立的"圈子",从朋友处募集10万美元的天使基金,解决了企业初创阶段面临的内部资金不足的问题。随着企业规模的不断扩大,F公司企业家社会网络也在不断地拓展。在企业成长阶段,企业家与高校的科研人员、政府的一些决策机构有较为密切的联系,以获取技术信息和政策信息。公司还会聘用国企退休人员以利用他们的良好人脉关系。此外,成长期2中F公司企业家任浙江省环境与安全监测技术重点实验室主任,并当选浙江省政协第十届常务委员。因此,F公司企业家社会资本从企业家个体与朋友建立的密切联系逐渐向企业家与技术合作者、市场合作者、用户建立良好商业关系,以及与地方政府部门建立良好政治关系转变。

因此,企业家社会资本是一个动态的构念,它会随着业务拓展、规模扩大呈现出边界不断扩张的趋势:企业家个体关系→企业家社会关系。企业家个体关系是建立在相互认同、全面信任基础上的,建立关系的对象通常是由与企业家个体日常活动直接相关的人组成,包括家庭成员、朋友等;而企业家社会关系是在某一市场或产业中,为某种目的而形成的较为松散的联系,包括与代理商、供应商、消费者、竞争者、中介、政府等的联系。参考Guo和Miller(2010)的观点,企业家个体关系向企业家社会关系转变并不是简单的线性扩张,而是以"圈"的形式循环演进的:最内核是建立在"亲情"基础上的关系圈,随着企业成长,企业家社会关系网络的边界会逐渐拓展,形成建立在"人情"和"交情"上的关系圈子。

3.6.1.2　企业家社会资本与创新能力的关系

通过S公司和F公司案例分析,发现企业家社会资本会影响企业创新能力的培育和发展。

首先,案例表明企业家与用户、同行、技术合作者等建立的商业关系对企业创新能力提升有重要影响。在企业初创阶段,F公司依靠企业家与投资机构的管理者建立的良好关系,获取了外部天使基金的支持。这笔资金帮助公司缓解了资金紧张的局面,使得公司激光在线分析系统的创新项目得以维持。在初创阶段,S公司企业家凭借与用户建立的良好关系,掌握了银行对档案电子化的需求和可行的解决方案。通过对创新需求的准确把握,S公司在公司成立1个月后,即推出了银行票据光盘缩微系统。在企业成长阶段,S公司企业家维持与关键用户的密切联系,在与用户交流的过程中发现无线POS机的市场需求。在企业成长后期,无线POS机产品成为公司支柱性产品。

其次,案例表明企业家与政府部门建立的政治关系会影响企业创新能力。以 F 公司为例,企业在成长期进入大型环保监测领域,该领域政府是主要代理人,为了更好地打开市场,实现公司核心技术的商业价值,公司企业家努力构建政治资本。

根据上述内容,可以得出命题 1。

命题 1:企业家社会资本对企业创新能力有重要影响(其中企业家社会资本包括企业商业资本和政治资本)。

3.6.2 企业家社会资本与资源获取的关系

企业家可以通过外部社会网络获取创新所需的外部资源,同时也可以通过组织内部网络促进知识交流和分享(Shu,Page,Gao,et al. 2011)。Peng 和 Luo(2000)研究发现管理者的商业关系和政治关系均有利于企业获取稀缺资源,从而促进企业成长。

本书了归纳 S 公司和 F 公司案例中企业家社会资本与企业资源获取之间的关系,具体见表 3.6。

从表 3.6 中可以看出,S 公司和 F 公司两家企业的企业家社会资本均有助于企业获取外部资源,包括市场需求信息、技术信息与知识、政策信息、核心人员以及资金支持等。结合本书理论部分对资源界定和测量,企业市场需求信息、技术信息与知识、政策信息以及核心人员支持等均可以归为企业知识类资源,而企业资金属于资产类资源。然后分别来看企业家社会资本对知识类资源获取和资产类资源获取的影响。

表 3.6　企业家社会资本与企业资源获取的关系

企业家社会资本		资源获取	典型证据
商业	政治		
S公司 用户； 高校； 同行；	当地政府部门	市场需求信息；技术信息与知识；核心人员	①"我们老总和省工行关系非常密切，会定期拜访。无线 POS 机的市场机会就是在聊天中发现的" ②除了与五大行建立良好的关系外，还与大批城商行、农信社等公司建立了良好关系以获取中小规模银行的市场需求信息 ③郭总与浙江省内高校建立了良好关系，并是杭州电子科技大学兼职教授 ④郭总会定期参加金融峰会，与同行交流最新产品 ⑤依靠郭总先前建立的人脉，公司引进了多名先前在工商银行浙江省分行的核心技术人员
F公司 市场合作者； 高校； 投资机构	各级政府部门	政策信息；技术知识；储备性人才；市场需求信息；资金	①"我们与政府的一些决策机构、协会等都有紧密联系，这样可以第一时间捕捉信息、技术的发展" ②通过企业家技术与知识网络引进了国内外院士，组建了公司的智囊团来获取外部技术力量支持 ③依托企业家与高校良好的关系，以承接实习生的形式，为企业未来发展储备战略性人才 ④公司进入大型环保监测系统服务领域后，承接项目以政府为代理人，企业家努力构建政治资本来更好地打开市场；在公司面临资金困境的时候，企业家通过个人关系网络从朋友处募集天使基金10 万美元

资料来源：笔者整理。

　　企业家社会资本促进企业知识类资源的获取体现在以下几方面：一是，企业家通过加强与客户、技术合作者（主要为高校、科研院所）和同行业企业之间的联系，获取外部的市场需求信息、技术知识、核心技术人员支持等，以导入流量资源的形式促进企业内部资源的积累。二是，企业家通过与政府部门建立的联系，获取政策信息，以更有效地把握住市场机会。以F公司为例，F公司在成长期进入大型环保监测系统服务领域，承接的项目更多是以政府为代理人的。在企业发展环保领域的过程中，企业家努力构建政治资本来更好地打开市场。根据上述内容，本书得出命题2。

　　　　命题2：企业家社会资本对企业知识类资源获取有重要影响，具体而言，企业家的商业资本和政治资本均对企业知识类资源获取有重要影响。

　　企业家社会资本促进企业资产类资源的获取主要体现为通过企业家的外部网络关系为企业提供资金的支持。其一，企业家通过与投资机构、用户、供应商等商业伙伴的良好关系，获取外部资金支持。在访谈中，S公司中层管理者提到"郭总与银行的关系很密切，所以较其他同行企业更容易获得银行的贷款"。F公司在初创阶段面临资金困境时，企业家依靠先前建立的关系网络，为企业募集到10万美金的天使基金，解决了企业面临的资金困境。其二，与政府部门建立的良好关系有助于企业获取一些政策性支持，比如提供基金支持、财政补贴等。在访谈过程中，S公司子公司的经理提到"我们与政府部门建立良好的关系，最看重的是政府基金项目，可以获得资金的支持"。根据上述内容，本书得出命题3。

　　　　命题3：企业家社会资本对企业资产类资源获取有重要影响，具体而言，企业家的商业资本和政治资本均对企业资产类资源获取有重要影响。

3.6.3　企业家社会资本、知识类资源、资产类资源与创新能力之间的关系

在开放式创新的背景下,企业创新模式也从封闭、线性的模式向开放、网络化的模式转变。越来越多的学者发现,企业培育创新能力的过程中所需的资源基础不再局限于企业内部资源,而是拓展到企业可得的资源(accessible resources)。Barney 和 Mackey(2005)指出资源观的进一步发展需要学者们不再仅仅分析企业内部资源变量对企业竞争优势的影响,而应该将资源观的研究推广到资源存在的任何范围(where resources reside)。

本书将企业所拥有或支配的知识资源、资产资源和企业家社会资本看成是企业集聚的资源(简称资源集聚),共同影响企业创新能力构建和发展。通过对 S 公司和 F 公司的案例分析,发现企业资源集聚有助于企业创新能力提升。如表3.5所示,在 S 公司初创期和成长期2,企业积累了较好的知识资源、资产资源以及企业家社会资本,相应地企业创新能力也较好;在 F 公司的成长期1和成长期2,这种关系同样成立。在 S 公司初创期,良好的企业家商业资本和政治资本促进了企业内部知识类资源和资产类资源的积累,该阶段企业实现了较好的创新收益。在 S 公司成长期2,随着公司从非相关多元化战略向主业回归,企业内部知识资源和资产类资源得到进一步的积累,而且企业家社会资本所涵盖的范围也得到拓展。该阶段内部知识类资源积累和资产类资源积累与企业家社会资本一起,共同促进企业创新能力提升。该阶段 S 公司的新产品绩效相比于成长阶段1得到了快速的提升。与此相似,F 公司初创期专注于研发,为企业成长阶段积累了一定的知识基础。F 公司在成长阶段(包括成长期1和成长期2),随着公司从单一业务领域进入多业务领域,企业家外部关系网络边界不断拓展,积累了更丰富的企业家社会资本;同时企业保持10%以上的高研发投入比重,实现了知识资源和资产资源的不断积累。从企业新产品创新绩

效看,F公司的新产品绩效取得了飞速的提升。通过上述对案例资料的分析,得出命题4。

命题4:知识类资源和资产类资源的集聚对企业创新能力提升有重要影响。其中知识类资源的获取和资产类资源的获取作为企业资源积累的流量形式,对企业创新能力提升也有重要影响。

但是上述资源集聚与企业创新能力之间的关系,会受到企业战略导向是否明确这一因素的影响。在S公司成长期1,公司战略导向不清晰,导致企业资源配置分散,投入研发活动的资源相比于初创期和成长期2有明显下降的趋势(成长期1公司研发投入占比为3.24%,远低于初创期研发投入占比7.19%和成长期2研发投入占比19.5%的水平)。在这种情况下企业虽然积累了较好的知识基础、资金基础和企业家社会资本,但由于企业战略导向不明确,导致企业所拥有或者控制的资源难以有效发挥作用。与S公司不同,F公司从成立起就定位于高端监测仪器,有很清晰的战略目标。从表3.5中可以看出,F公司的知识类资源、资产类资源以及关系资源(体现为企业家社会资本)均不断得到积累,与此同时,企业创新绩效得到了飞速的提升。通过对上述案例资料的分析,得出企业战略导向是影响企业资源集聚与企业创新能力关系的重要因素,在企业战略导向不明确的情况下,企业资源集聚对企业创新能力的贡献会被削弱。而在企业战略导向明确的情况下,企业资源集聚对企业创新能力的贡献会增强。因此,本书提出命题5。

命题5:企业战略导向会影响企业资源集聚与企业创新能力之间的关系。当企业战略导向不明确时,企业集聚的资源的价值不能得到较好的挖掘,进而会影响企业创新能力。企业家社会资本作为企业资源集聚的一项重要内容,其价值实现会受到企业战略导向的影响。

3.7　本章小结

本章运用探索性案例研究方法，从资源集聚的视角（包括内部资源积累机制和外部资源获取机制），对企业创新能力提升机制进行了初步探索。研究选择了两家均位于杭州的中小企业作为案例研究对象，在对每个案例进行分析的基础上，通过案例内和案例间的横向、纵向比较分析，得出企业家社会资本有助于企业创新能力提升，在这一过程中，知识类资源获取和资产类资源获取发挥着重要作用。

4

企业家社会资本对企业创新能力的
作用机制：理论模型与假设

▼

本章将在探索性案例研究提出的五个命题的基础上，结合对现有有关企业家社会资本与创新能力间关系的理论研究的梳理，对企业家社会资本影响企业创新能力的内在机制进行深层次的理论探讨，最后得出细化的概念模型和具体的研究假设。

4.1 企业家社会资本与企业创新能力

转型经济背景下，由于市场支持机构、透明法律、清晰规则的缺失，企业家社会资本作为正式制度的补充，可以有效地促进企业创新（Gao，Xu，Yang，2008；谢言，高山行，江旭，2010；Tortoriello，Krachhardt，2010）。企业家社会资本的作用主要体现在它能带来的信息、影响力和团结程度等三方面，这有助于企业更有效地获取竞争优势（Nahapiet，Ghoshal，1998；Ahuja，2000；Adler，Kwon，2002；Li，Atuahene-Gima，2001；Moran，2005；Subramaniam，Youndt，2005）。Collins 和 Clark（2003）指出嵌入个体社会网络的企业家社会资本作为一种微观的建构，会对企业层面的竞争优势和绩效产生较大的影响。Moran（2005）区分了关系嵌入性和结构嵌入性，认为关系嵌入性在解释新的、以创新为导向的任务时有着更强的解释力。

本书将企业家社会资本分成两类:企业家商业资本与企业家政治资本。企业家商业资本是指企业家与供应商、用户企业以及竞争企业的高层管理者建立的关系;企业家政治资本是指企业家与各级政府部门(中央政府、地方政府以及支持性机构等)的关系(Peng,Luo,2000;Acquaah,2007;Shu,Page,Gao,et al.,2011)。以下将逐一分析企业家商业资本、企业家政治资本与创新能力的作用关系。

4.1.1　企业家商业资本与企业创新能力

企业家商业资本是企业家与供应商、用户、竞争者等企业高层管理者建立的社会网络关系。企业家商业资本有助于企业家利用其他企业的资源和能力进行合作创新,它在一定程度上克服了我国目前知识产权市场不完善而产生的企业创新意愿薄弱等问题(周立新,李烨,2002)。而且,企业家商业资本作为企业家先前构建网络关系这一行为的结果,代表着企业当前的信誉,有助于企业在商业圈内获得网络合法性(Rao,Chandy,Prabhu,2008)。这种网络合法性是公司一项重要的战略性资源,可以吸引商业伙伴、促进交易并且获取经济效益(Dacin,Oliver,Roy,2007)。具体地说,企业家商业资本对企业创新能力的影响体现为以下几点:

其一,企业家通过与供应商企业的高层管理者建立良好的关系,可以使供应商尽早介入新产品开发过程,更好地调整与供应企业新产品开发所需的原材料,协助企业发现新产品开发过程中的潜在问题,从而减少新产品开发的成本(Ragatz,Handfield,Scannell,1997;Luk,Yau,Sin,et al.,2008;耿新,张体勤,2010;谢言,高山行,江旭,2010)。

其二,企业家通过与用户企业的高层管理者建立的良好关系,可以较快速、准确地获取市场需求信息,挖掘或识别新的市场机会,并通过促进彼此间知识分享和资源共享提高整合创新过程的效率和效果(Sivadas,Dwyer,2000;Yli-Renko,Autio,Sapienza,2001;Luk,Yau,Sin,et al.,2008;Shu,Page,Gao,et al.,2012)。

其三,与竞争对手的良好关系,可以促进知识交换和转移,激励企业缩短新产品开发周期,并不断改进产品和工艺(Gao,Xu,Yang,2008;Luk,Yau,Sin,et al.,2008;谢言,高山行,江旭,2010)。

综上所述,企业家商业资本能促进企业创新能力的提升。基于上述内容,本书提出研究假设1:

H1:企业家商业资本对企业创新能力有正向影响。

4.1.2 企业家政治资本与企业创新能力

在当前我国转型时期,存在着一个既不同于计划经济体制,又不同于完善的市场化体制的资源配置系统。虽然我国在1992年明确提出了经济体制改革的目标——从计划经济向市场经济转变,但是就目前来看国家仍然在较大程度上控制着企业生存与发展的一些重要社会资源和机会。在这种情况下,企业家倾向于通过这种政治关系资本形成的关系网络,采用非制度化的手段,来获得企业的发展资源和获利机会(张建君,张志学,2005)。

企业家政治资本是企业家个人与各级政府官员、监管部门或者其他行政管理机构人员所建立起的关系。企业家政治资本影响企业创新能力提升的有效性体现在:

其一,良好的企业家政治资本,意味着企业家能够使地方政府部门积极参与企业商业活动,而政府部门所"扮演"的倡导者和顾问的角色,能给予企业在管理创新方面的指导(Luk,Yau,Sin,et al.,2008)。

其二,企业家政治资本有助于企业获取技术知识,比如政府通过搭建企业与科研院所合作的平台,为企业提供技术支持,实现企业创新目标。而且,企业家政治资本还有可能为企业从一些支持性机构获得金融和税收方面的优惠提供帮助,从而拓宽创新活动的资金来源(Paine,2010;Warner,1995)。

其三,企业家政治资本有助于企业快速、准确地获取有关政策变化的信息(包括宏观层面的政策信息和中观层面的产业信息),这些政策信息对企业开展创新活动具有重要的导向作用(Podolny,Page,1998;Thun,2006)。

由此可见,企业家政治资本使得企业不仅可以有效获取政府的直接帮助与指导,而且通过政府的作用间接获得对企业发展至关重要的创新资源。基于上述内容,本书提出假设 2a:

H2a:企业家政治资本对企业创新能力有正向影响。

然而,企业家政治资本是企业家应对转型背景下各项制度、规则尚不明晰或缺失的一种有效缓冲机制,因此,它对企业创新能力的正向作用并非无限的。随着我国逐渐融入经济全球化的进程,我国政府逐渐提高了开放性和公平性(Yang,2004),而且中国本土市场也面临着更为激烈的竞争(Tsui,Schoonhoven,Meyer,2004)。在社会、经济转型过程中,国家会更多地应用市场机制来配置资源,而政府在国家经济中的作用开始逐渐削弱。在这种情况下企业家政治资本对企业创新的作用已经开始出现减弱的趋势(Luo,Chung,2005;Zhang,Li,2008;Shu,Page,Gao,et al.,2012)。Zhang 和 Li(2008)指出在中国经济和制度转型的若干年后,商业资本对企业发展仍有着重要的积极作用,但是政治资本对企业成长的作用相比于商业资本的作用出现了减弱的趋势。Shu、Page 和 Gao 等(2012)通过对 270 家中国企业的实证研究发现企业家政治资本对企业知识获取和创新活动的影响作用在不断地下降。

基于上述内容,本书提出假设 2b:

H2b:企业家政治资本对企业创新能力的边际贡献是递减的(倒 U 型关系)。

4.2　资源获取的中介作用

按照资源的类别，本书将资源获取分成知识类资源获取与资产类资源获取。其中资产类资源获取是指企业获取的有形的资源，包括资金、原材料等有形资源的获取；而知识类资源获取是指企业获取的可以对有形资源进行整合和转化的资源（Wiklund，Shepherd，2003），包括市场、技术、生产运作等方面的信息和知识（朱秀梅，李明芳，2011）。

4.2.1　企业家社会资本与企业资源获取

基于资源基础观对企业家社会资本的研究指出：社会资本在创新关系网络中既是一种资源，也是一种掌控资源的能力，其核心是接触和促进知识、信息和其他资源的流动（Lin，1999；Blyler，Coff，2003；Tsai，2009）。企业家发展的社会联系越多，摄取资源的能力也越强（Lin，1999；Peng，Luo，2000），并且能够在知识交流和知识组合之间产生"衔接效益"（Shu，Page，Gao，et al. 2011）。

4.2.1.1　企业家商业资本与企业资源获取

首先，企业家与商业伙伴建立的良好关系为企业获取有价值的知识和资产提供了潜在机会（Batjargal，Liu，2004）。比如，企业家与供应商的高层管理者建立的紧密联系可以为企业提供有效的供给信息、高质量的原材料和服务，并且在一定程度上会允许企业延迟支付货款（Boisot，Child，1996），为企业资金周转提供了便利，有利于获取更高的资金杠杆收益；企业家与用户建立的良好关系有助于企业获取有价值的市场需求信息（Dyer，Nobeoka，2000；Yli-Renko，Autio，Sapienza，2001）；与竞争企业的管理者建立紧密联系能促进企业之间信息和知识的交流（Xin，Pearce，1996；Capaldo，2007）。

其次,企业家商业资本所产生的彼此信任(Granovetter,1973)和互惠共赢(Larson,1992)能促进企业间交换关键的显性知识和隐性知识(Dhanaraj,Lyles,Steensma,et al.,2004),增进知识交换的深度、宽度和效率(Lane,Lubatkin,1998),减少资源交换过程的信息不对称性,降低交易成本,提升企业获取资源的效率和能力(McEvily,Marcus,2005)。

再次,可观察的过去行为是企业信誉的重要指标,可以帮助企业在商业圈子中获取网络合法性(Rao,Chandy,Prabhu,2008)。这种合法性是一种战略资源,可以吸引商业合作伙伴、促进交易,并提供经济利益(Dacin,Oliver,Roy,2007)。

最后,企业家与商业伙伴建立的良好关系不仅能促进企业获取外部知识,而且是影响企业知识组合和知识交换的必要条件,促进企业内部智力资本的开发(Nahapiet,Ghoshal,1998;Shu,Page,Gao,et al.,2012)。

基于上述内容,本书提出假设3及其子假设:

H3:企业家商业资本对企业资源获取有积极影响。

H3a:企业家商业资本对企业知识类资源获取有积极影响。

H3b:企业家商业资本对企业资产类资源获取有积极影响。

4.2.1.2 企业家政治资本与企业资源获取

我国经济体制改革虽然进行了数十年,但政府仍然在很大程度上控制着企业生存与发展的一些重要社会资源和机会(Walder,1995;Child,Tse,2001;Peng,Luo,2000)。在这种情况下,企业家通过构建政治资本,采用非制度化的手段,可以获得企业的发展资源和获利机会(张建君,张志学,2005;Sheng,Zhou,Li,2011)。

一方面,企业家政治资本能够为企业提供政策信息、技术信息等知识类资源。转型经济背景下,政府通过修订产业发展规划和制定监管政策等行为来引导经济活动。良好的政商关系为企业及时、准确地获取政策信息和产业规划信息提供了可能的渠道(Hillman,Zardkoohi,Bierman,1999;

朱秀梅,李明芳,2011)。而且,企业家政治资本有助于企业通过政府部门搭建的与高校、科研院所合作的创新平台获取外部技术知识。

另一方面,我国政府目前仍控制着一些关键稀缺资源,比如土地、银行贷款、税收优惠等,企业家政治资本为企业获取这些资源提供了一条"通道"(Faccio,2006;Khwaja,Mian,2005)。

基于上述内容,本书提出假设4及其子假设:

H4:企业家政治资本对企业资源获取有积极影响。

H4a:企业家政治资本对企业知识类资源获取有积极影响。

H4b:企业家政治资本对企业资产类资源获取有积极影响。

4.2.2 资源获取与企业创新能力

在当前快速变化的竞争环境中,企业逐渐意识到仅仅依靠自身力量越来越难以掌控大量的资源。公司必须有能力持续地获取和利用外部资源,维持企业竞争优势(Madhok,2002;Wu,Chang,Chen,2008)。基于资源管理视角,有效地识别和获取外部资源,能提高企业创新能力(Ireland,Webb,2007;Sirmon,Hitt,2003;Sirmon,Hitt,Ireland,2007;陈钰芬,陈劲,2008)。

4.2.2.1 知识类资源获取与企业创新能力的关系

外部知识的获取为企业打开了新的"生产机会"(Penrose,1959),是影响企业创新能力提升的重要因素(Schumpeter,1934;Kogut,Zander,1992)。而当前快速变化的环境使得单一企业难以拥有创新所需的全部资源,需要整合专业技术知识和互补性知识作为创新投入要素(Cohen,Levinthal,1990;Eisenhardt,Brown,1998)。外部知识获取对企业创新的促进作用主要体现在:其一,拓展了企业可获得的知识资源的宽度和深度,进而增加了创造性组合的可能性;其二,从外部获取知识,一定程度上可以减少企业依靠自身力量开发具体资源所需的时间和成本,提高了新产品开发速度与效率(Dyer,Singh,1998;Zahra,Ireland,Hitt,2000);其三,通过企业家外部网络关系获取的知识资源,尤其是关键用户的需求信息,增强了企业创新的意愿(Yli-Renko,Autio,Sapienza,2001)。

4.2.2.2 资产类资源获取与企业创新能力的关系

创新活动的投入要素除了知识资源,还包括资金、原材料等资产类资源。充足的资产类资源是企业开展创新活动必不可少的条件(Aghion,Howitt,Peñalosa,1998)。比如通过企业家政治资本获取的政府订单、银行贷款等资金支持,会对开发新产品并实现新产品市场价值的过程产生较大的影响(张方华,2006;朱秀梅,陈琛,纪玉山,2010)。

基于上述内容,本书提出假设5及其子假设:

H5:资源获取对企业创新能力有积极影响。

H5a:知识类资源获取对企业创新能力有积极影响。

H5b:资产类资源获取对企业创新能力有积极影响。

4.2.3 资源获取的中介效用

本书假设企业家社会资本对企业资源获取有积极的影响(假设3和4),而企业获取的资源又会积极地影响创新能力(假设5)。这三个假设一定程度上隐含着资源获取是企业家社会资本影响创新能力的中间转换机制。企业家社会资本对稀缺资源的交换和共享有积极影响(Li,Zhou,Shao,2008;Peng,Luo,2000;Wu,Chang,Chen,2008)。这些稀缺的资源是培育和提升创新能力的基础要素,是企业竞争优势的重要来源(Sirmon,Gove,Hitt,2008;Sirmon,Hitt,2003;Sirmon,Hitt,Ireland,2007)。

现有对企业家社会资本与创新能力关系的研究,从理论上分别肯定了企业家社会资本对企业获取外部资源的积极作用,以及资源获取对企业创新能力的影响,但较少有研究将资源获取作为企业家社会资本影响企业创新能力的中介机制。现有研究的一些观点为我们提供了启示。

Yli-Renko 等（2001）指出知识获取对社会资本与知识利用起到重要的中介作用，其中知识利用体现为新产品开发、技术特性（technological distinctiveness）、销售成本。Lawson 等（2009）发现基于管理者关系的非正式社会化机制能增加知识流动，促进新产品开发。上述学者基于知识基础观的视角，提炼出了知识获取/知识流动是企业家社会资本影响企业创新能力的重要中介变量。除了知识资源，资产类资源获取也是影响企业创新能力的重要变量。因此，我们综合考虑了知识类资源获取和资产类资源获取在企业家社会资本影响企业创新能力过程中的重要中间转换作用。

基于上述内容，本书提出假设 6 及其子假设：

H6：资源获取对企业家社会资本与创新能力关系起到中介作用。

H6a：知识类资源对企业家商业资本与创新能力的关系起到中介作用。

H6b：资产类资源对企业家商业资本与创新能力的关系起到中介作用。

H6c：知识类资源对企业家政治资本与创新能力的关系起到中介作用。

H6d：资产类资源对企业家政治资本与创新能力的关系起到中介作用。

4.3　企业家精神的调节作用

企业家精神对组织的生存和发展有着重要作用。面对日益激烈的全球竞争和快速更新的技术，企业必须重视企业家精神来提高创新能力，获取竞争优势。企业家精神是企业的一种战略导向，该导向以创新、冒险和前瞻性为特点(Covin,Slevin,1991)。企业家精神的成功实施需要有大量的资源、良好的基础设施以及健全的社会体制的支持。先前的研究大多将企业家精神作为自变量研究其对企业创新能力的影响,本书在继续检验企业家精神对企业创新能力影响的基础上,重点研究企业家精神对企业家社会资本与企业创新能力之间关系的调节作用。

企业家精神对企业家社会资本与企业创新能力关系的影响体现在两个方面。

一方面,基于资源基础的视角,企业家的外部社会资本作为企业一项重要战略性资源,与企业家精神的有机整合能促进企业创新能力。企业家精神是企业战略导向的重要内容,决定着企业资源的配置方向和数量。企业家社会资本作为企业的一项重要战略性资源,其作用的发挥会受到企业战略导向的影响。当企业战略倾向于创新时,企业家就更可能与社会网络中的其他企业高层管理者保持密切的沟通,更好地建立彼此之间的信任关系,并获取创新所需的市场需求信息、先进技术、资金等资源的支持,从而促进企业开展创新活动,提高企业创新能力(何晓斌,蒋君洁,杨治,等,2013;苏晓艳,2013)。如,Acquaah(2007)引入战略导向作为调节变量,分析了社会资本对企业成长的影响,得出具有明确战略目标的企业相比于没有明确战略目标的企业,其关系的应用对企业成长有着更为积极的贡献。

另一方面,基于制度理论的视角,企业家社会资本是企业获取外部稀缺资源的非正式机制,当企业内部创新倾向较强时,企业会充分发挥企业家社会资本的价值来促进创新活动。创新是一个需要消耗大量资源的风险较高的战略行为(Li,Athuahene-Gima,2001)。当公司的企业家精神程度较高时,企业会积极地寻求外部的信息和资源来支持创新。而企业家社会资本作为企业获取外部资源的重要渠道,当企业内部企业家精神氛围较为浓厚时,企业家社会资本的价值会得到更好的挖掘。

基于上述内容,本书提出假设7及其子假设:

H7:当企业拥有较高水平的企业家精神时,企业家社会资本对企业创新能力的正向作用会更强。

H7a:当企业拥有较高水平的企业家精神时,企业家商业资本对企业创新能力的正向作用会更强。

H7b:当企业拥有较高水平的企业家精神时,企业家政治资本对企业创新能力的正向作用会更强。

4.4 不良竞争的调节作用

企业作为社会单元,其经营活动嵌入社会环境,必然会受到外部环境的影响(Granovetter,1985;Burt,1992)。转型背景下,不完善的正式市场制度(Peng,Heath,1996)对市场交易的管理以及知识产权界定和保护不够有力,导致产业内的企业之间在竞争时会出现侵犯专利和版权、破坏合同和协议、打价格战等行为。在这种情况下,企业面临着更高的不确定性与创新风险。为了规避较高程度的不确定性,企业会倾向于关注短期目标而非通过创新来实现企业的长期目标。因此,不良竞争作为转型经济背景下的一个重要环境要素,会影响企业创新的动力。因此,本书将关注不良竞争对企业家社会资本与创新能力间关系的影响。不良竞争代表着环境中存在机会主义、不公平或者不合法的竞争行为的程度(Li,Atuahene-Gima,2001)。

基于制度理论视角,企业家社会资本作为非正式治理机制,一定程度上可以替代或补充不完善的正式制度(Xin,Pearce,1996;Peng,2003)。转型背景下企业家社会资本对创新的作用与制度环境密切相关(Li,Zhang,2007;Sheng,Zhou,Li,2011)。企业家商业资本可作为法律框架的代理,通过合法机制来阻止不合法的、不道德的行为(Grewal,Dharwadkar,2002)。而拥有良好的政治资本的企业家,可以寻求政府帮助来执行商业合同或者停止恶性竞争的行为(Sheng,Zhou,Li,2011)。因此,本书选择了不良竞争作为转型背景下的一个重要环境要素(Sheng,Zhou,Li,2011),分析它对企业家社会资本与创新能力之间关系的影响。我们认为不良竞争的程度较高时,企业会更倾向于挖掘企业家社会资本的作用来促进企业开展创新活动,提升创新能力。

基于上述内容,本书提出假设8及其子假设:

H8:不良竞争对企业家社会资本与创新能力间关系具有正向调节效应。

H8a:不良竞争对企业家商业资本与创新能力间关系具有正向调节效应。

H8b:不良竞争对企业家政治资本与创新能力间关系具有正向调节效应。

4.5　本章小结

本章在第2章文献综述和第3章探索性案例研究的基础上,通过企业家社会资本与企业创新能力之间关系的理论分析,形成了企业家社会资本影响企业创新能力的概念模型(见图4.1),并提出了8组假设,汇总如表4.1所示。

在概念模型中,根据第2章文献综述的内容将企业家社会资本细分成企业家商业资本与企业家政治资本两个构成维度;同时在文献归纳和演绎的基础上,深入分析企业家社会资本影响企业创新能力的作用机制,引出资源获取(分成知识资源类资源获取和资产类资源获取)这一中介变量。根据相关研究和探索性案例分析可以得出如下基本假设:企业家商业资本对企业创新能力有正向影响;企业家政治资本对企业创新能力的影响呈现为倒 U 型;企业家商业资本对企业创新能力的积极影响受到资源获取的中介作用;企业家政治资本对企业创新能力的积极影响受到资源获取的中介作用。

并且本书根据探索性案例研究和文献梳理提出企业家精神和不良竞争两个情境变量会在企业家社会资本与企业创新能力之间发挥重要的影响作用。本书提出不良竞争在企业家社会资本与创新能力的关系中起到正向调节作用,企业家精神在企业家社会资本与创新能力的关系中起到正向调节作用。

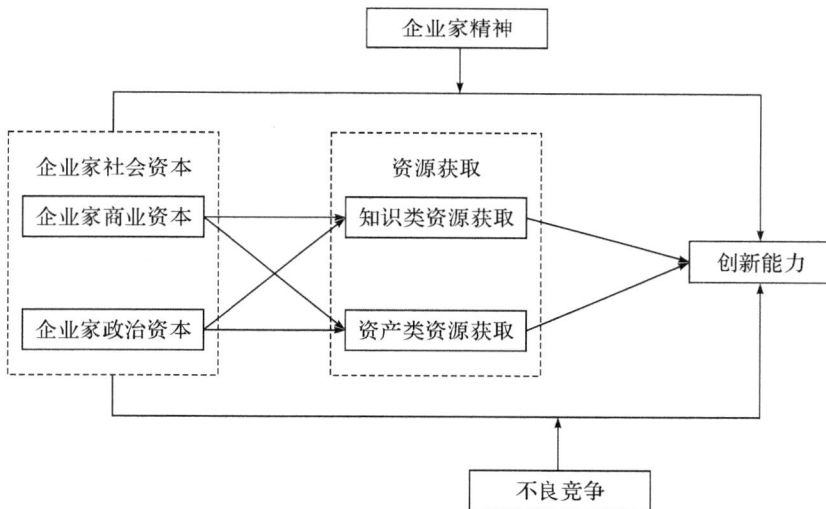

图 4.1　企业家社会资本与企业创新能力的作用关系概念模型

表 4.1　企业家社会资本与企业创新能力假设汇总

序号	假　　设
企业家社会资本与创新能力的关系	
H1	企业家商业资本对企业创新能力有正向影响
H2a	企业家政治资本对企业创新能力有正向影响

续表

序号	假　设
H2b	企业家政治资本对企业创新能力的边际贡献是递减的（倒 U 型）
	企业家社会资本与资源获取的关系
H3	企业家商业资本对企业资源获取有积极影响
H3a	企业家商业资本对企业知识类资源获取有积极影响
H3b	企业家商业资本对企业资产类资源获取有积极影响
H4	企业家政治资本对企业资源获取有积极影响
H4a	企业家政治资本对企业知识类资源获取有积极影响
H4b	企业家政治资本对企业资产类资源获取有积极影响
	资源获取与创新能力的关系
H5a	知识类资源获取对企业创新能力有积极影响
H5b	资产类资源获取对企业创新能力有积极影响
	资源获取对企业家社会资本与创新能力关系的中介作用
H6a	知识类资源对企业家商业资本与创新能力的关系起到中介作用
H6b	资产类资源对企业家商业资本与创新能力的关系起到中介作用
H6c	知识类资源对企业家政治资本与创新能力的关系起到中介作用
H6d	资产类资源对企业家政治资本与创新能力的关系起到中介作用
	企业家精神对企业家社会资本与企业创新能力关系的调节作用
H7a	当企业拥有较高水平的企业家精神时，企业家商业资本对创新能力的正向作用会更强
H7b	当企业拥有较高水平的企业家精神时，企业家政治资本对企业创新能力的正向作用会更强
	不良竞争对企业家社会资本与创新能力关系的调节作用
H8a	不良竞争对企业家商业资本与创新能力间关系具有正向调节效应
H8b	不良竞争对企业家政治资本与创新能力间关系具有正向调节效应

5

企业家社会资本对企业创新能力
作用机制的实证研究

▼

在第4章模型构建和假设提出的基础上,后续几章将运用大样本问卷调查收集的数据做实证分析。本章重点介绍实证分析中使用的具体研究方法。科学的研究方法是保证研究质量的前提。本章将从问卷设计、变量的测量、数据收集与样本描述、主要实证研究方法等方面展开本章的内容。实证研究的具体结果将集中在第6章进行分析。

5.1 问卷设计

科学合理的问卷设计是保证研究测量信度和效度的重要前提。Churchill (1979)指出在特定变量的测量题项之间具有一致性的情况下,多个题项测量比单一题项测量具有更好的信度水平。因此,本书对所涉及的变量均采用了多个题项进行测度。

根据学者们的建议(Dunn,Seaker,Waller,1994;马庆国,2002),本书遵循以下流程:文献回顾和田野调查→与本研究领域专家讨论→与企业界专家讨论→小样本测试,对题项进行精炼,问卷定稿。具体而言,问卷设计包括以下几个步骤:

(1)文献研究与实地调研结合。在对企业家社会资本、资源积累、创新能力、企业家精神、不良竞争等有关文献进行广泛阅读的基础上,重点学习顶级期刊中与本书主题关系密切的文献的理论构思以及被实证研究文献广泛引用的成熟量表。对于一些已经具备成熟量表的变量,尽可能使用文献中的经典量表对变量进行测量。对于没有成熟量表的变量,本书主要基于文献研究积累相关变量的量表库,然后根据所涉及变量的理论内涵与操作化定义,选择合适的题项,在此基础上形成本书所用到的调查问卷的初稿。同时以问卷设计思路为主线,形成企业调研提纲,深入多家企业进行实地调研。在实地调查与文献研究不断交互的过程中,形成问卷的初稿1。

(2)与本研究领域内的学者讨论,修订问卷初稿1。完成问卷初稿后,在科研团队①中广泛征求多位专家和团队成员的意见。科研团队内的大部分学者的研究领域为创新领域,较为了解本研究的内容。根据团队成员对问卷初稿中的一些题项设置提出的意见与建议,对问卷初稿1进行了局部的调整。团队多名博士生对题项的表述也提出了不少建议,减少了问卷定稿中可能出现的表达不清和歧义等问题。对问卷初稿1进行修改后形成问卷初稿2。

(3)与企业界专家讨论,修订问卷初稿2。利用企业调研和蹲点的机会,与企业管理者和员工就问卷的可理解程度、清晰程度进行请教。经过本轮的修改和调整,力争题项能够为大部分企业实践人员所理解,并能较清晰地反映企业实际情况。修改后形成问卷初稿3。

(4)通过小样本预测试对题项进行提炼和纯化,形成最终问卷。在大规模发放问卷之前,本书对问卷初稿3进行了小样本测试,初步检验了相关变量测度的信度和效度,删除了不符合要求的题项,形成调查问卷的最终稿(参见附录2)。

调查问卷包括两个部分:第一部分是企业基本信息;第二部分是本问卷的主体部分,即作为本书主要概念的利克特七点量表(seven-point Likert scale),要求答卷人根据题项陈述内容与所在企业的实际情况的相

---

① 笔者所在科研团队包括2名教授、2名副教授、3名博士生。

符程度进行打分,从 1 到 7 表示从"完全不同意"向"完全同意"依次渐进,4 表示中立,即既不同意也不反对。由于这些题项需要答卷人根据自己的主观判断回答,因此笔者遵从 Andrews(1984)的建议,尽量将题项长度控制在 16～24 个字(马如飞,2009)。

此外,考虑到问卷填写人主要基于主观评价来回答,加上一些额外因素的影响,有可能会对问卷结果造成一定的偏差,因此在设计问卷时,较充分地考虑了这些因素带来的负面影响。Fowler(2009)研究指出了可能导致问卷填写人在回答时出现偏差的四种情况:第一,不知道所需答案的信息;第二,不记得问题答案的信息;第三,虽然知道某些问题答案的信息,但是不愿意回答;第四,不能准确地理解问题的含义。为了尽量减少或消除上述四种情况对问卷质量造成的不利影响,主要采取了以下几点措施:

其一,为了防止问卷填写人不知道所需答案的信息给问卷质量带来的不利影响,要求问卷尽量由公司的管理者(包括中高层管理者)或在公司工作时间较长的老员工填写。同时,我们在问卷中注明若问卷填写人对相关问题的答案不确定,可请公司内部较为了解情况的人员协助完成。

其二,为了避免问卷填写人不记得问题答案的信息导致的偏差,问卷题项均设置为询问公司近三年的情况。

其三,为了减少问卷填写人因不愿意提供相关题项的答案而带来问卷信息填写不完整的问题,我们在问卷介绍部分特别注明问卷数据采集为纯学术研究,不涉及企业商业秘密与个人隐私,不会将所采集的数据用于任何商业秘密,并承诺为问卷填写人保密。

其四,为了减少问卷填写人不能准确地理解问题含义而带来的偏差,我们一方面在问卷设计过程中,通过与学术界和企业界专家及管理者的交流,不断修改完善问卷的表述;另一方面,在条件允许的情况下,针对问卷填写人不明白或觉得难以理解的问题提供解释,如:向委托发放问卷的人详细解说每个题项的含义,以备他们在发放过程中能提供咨询。

　　此外,为了尽可能避免同源偏差的问题,结合 Podsakoff 等(2003)提出的事前控制原则,在案例设计过程中我们采用了以下几条措施:首先,将问卷设计成不同模块,尽可能要求不同模块的内容由不同的人来填写;其次,为了避免问卷填写人猜测题项意义,或者随意打分导致的偏差,将问卷中涉及不同变量的题项打乱穿插安排(张军,2012)。在检验同源偏差时,通常采用 Harman 单因子检验的方法(Podsakoff,Organ,1986)。本书中我们采用该方法对回收的问卷进行了共同方法偏差的检验,并将 335 份有效问卷涉及的所有条目同时归到统一探索性因子分析结构中,得到首因子贡献率为 21.5% 的方差,并且自变量和因变量载荷到了不同的因子上。因此,我们认为本书的数据共同方法偏差问题并不严重,对后续研究影响不大,调研数据可靠。

5.2　变量的测量

5.2.1　因变量:创新能力

　　创新能力是被解释变量。目前有关企业创新能力的研究文献比较丰富,但是在企业创新能力的界定和测度等方面仍然处于百家争鸣的状态。目前学者们对创新能力这一构念的测量主要采用两种形式:一种是运用创新绩效来评价创新能力,关注创新活动的结果和整个创新活动对企业竞争优势的影响;另一种是基于创新系统视角来评价创新能力,关注的是创新活动的管理过程和支撑要素(吕一博,苏敬勤,2009)。

　　目前创新能力的测量最常见的是将创新能力等同于技术创新能力,并从技术创新绩效的角度来评价,包括企业的技术创新投入和创新产出。创新投入主要通过研发投入占销售比例、研发人员占总员工的比例来评价;创新产出包括专利数量、创新数量、新产品销售比例、企业参与国家的科技项目数(OECD,1992;Fan,2006;Souitaris,2002;Romijn,Albaladejo,2002;Quintana-García,Benavides-Velasco,2008;Chen,Wang,2008)。

基于创新系统视角来测度创新能力,则关注创新的管理过程和支撑要素(吕一博,苏敬勤,2009)。国内学者魏江和许庆瑞(1995)认为企业创新能力有企业决策能力、研发能力、生产能力、营销能力和组织能力等五个方面,并指出:可以从产品研发周期、产品研制效率、产品研发成功率、产品高技术附加值来测量研发能力;从产品国内市场占有率和产品出口率测量市场营销能力;从样机生产周期、模具生产周期和工艺准备周期测量生产能力度量。有些学者从技术和市场两个方面来测度企业创新能力。Capon等(1988)围绕企业市场领先地位、市场状况、技术优势三个方面提出了测量创新能力的五个指标,包括"第一个进入市场;避免在竞争对手之后进入市场;避免稳定的市场;避免衰退期的市场;处于技术前沿"。除了技术与市场要素外,组织内部的管理和组织过程也是企业创新能力的重要构成要素。Burgelman,Maidique和Wheelwright(1996)提出了新的创新能力评价体系,该评价体系从公司可以运用的资源及配置绩效、对竞争者的创新战略和多产业演化的理解、公司技术环境的理解能力、公司的组织与文化环境以及创业行为的战略管理能力等五个方面对创新能力进行全面的评价。

结合本书对创新能力的概念界定,将企业创新能力看成是企业技术创新能力,由于创新能力的抽象性,现有研究也大多采用企业创新绩效作为对企业创新能力的代理测量方式。本书将沿用这一方法对企业创新能力进行测度。而对企业的创新绩效,很难找到单一的指标能够全面、准确地表征,很多战略管理研究者都强调运用多指标测度绩效的重要性(Kaplan,1984;Venkatraman,Ramanujam,1986;郑素丽,2008),本书遵循这些学者的研究,采用新产品销售额、利润、数量、开发速度、成功率等多个指标来反映企业创新能力(见表5.1)。

表 5.1　企业创新能力测度

测量题项(与同行业平均水平比较,近三年情况)	测度的来源或依据
新产品(服务)的销售额	Brown,Eisenhardt,1995; Laursen,Salter,2006; De Luca,Atuahene-Gima, 2007;Tsai,2009
新产品(服务)的利润	
新产品(服务)数量	
新产品(服务)的开发速度	
新产品(服务)开发的成功率	

5.2.2　自变量:企业家社会资本

对中小企业而言,企业间的网络核心是企业家的社会关系网络。根据高阶理论和战略领导学的观点(Cannella,Pettigrew,2001),我们把中小企业社会网络定义成企业高层管理人员一系列强/弱社会关系的总和(Collins,Clark,2003)。

本书中企业家并不单单指企业家个人,而是包括企业董事长、总裁、总经理等位于组织高层级的核心人员。结合现有文献研究,将企业家社会资本界定为发生在企业家与企业外部利益相关者(用户、供应商、竞争者、政府部门)之间的能够帮助企业获取其他社会行动者所拥有的稀缺资源的网络化联系。企业家建立这些网络关系的基本出发点是获取企业发展所需的信息和资源(Geletkanycz,Hambrick,1997;Batjargal,Liu,2004),进而促进企业成长。企业高管连带(managerial ties)是企业家社会资本的实质内容(Li,Poppo,Zhou,2008;Shu,Page,Gao,2012;Luo,Huang,Wang,2011)。因此,本书在测量企业家社会资本时,借鉴企业高管连带的测量方式,从企业家商业资本和政治资本两方面来测量。企业家商业资本和政治资本分别代表着应用商业关系的能力和应用政府关系的能力。具体而言,商业资本是指企业家与其他业务公司的管理者的关系,比如与供应商、购买者、竞争者以及业务的中间商的关系(Dubini,Aldrich,1991;Peng,Luo,2000);政治资本则反映企业家与不同层次的政府部门和机构的关系

（Luo,Chen,1997；Peng,Luo,2000），具体包括与政府职能部门（如税收、工商等部门）、金融机构、行业协会或商会等建立良好的关系。因为国内目前的金融机构主要是以国有独资或者控股的所有制形式为主，其负责人是国有资产的代表，所以将企业家与银行的关系纳入政治资本，而行业协会或者商会或多或少地带有一些政府色彩。

目前对企业家社会资本的测量有两种主要方式。一种是沿用 Nahapiet 和 Ghoshal（1998）将社会资本划分成结构维度、认知维度和关系维度，从网络的规模、异质性、密度、强度等来测量结构维度，从网络内成员的目标一致性来测量认知维度，从信任等指标来测量关系维度。另一种是结合转型经济背景的情境，从企业家外部关系的视角来测量企业家社会资本。

本书重点关注的是企业家应用关系能力，即企业家与外部机构联系紧密程度和交互频率，属于结构维度的内容（Kemper,Engelen,Brettel,2011）。但是本书在具体测量时，并不直接通过网络的规模、异质性、密度、强度等来测量，而是通过借鉴 Peng 和 Luo 等（2000）采用的利克特七点量表运用主观打分的方式来综合测量企业家的商业资本和政治资本，具体如表 5.2 所示。

表 5.2　企业家社会资本的测度

测量题项		测度的来源或依据
企业家商业资本（我们企业的高层管理者与以下企业建立了良好关系）	供应商	Peng,Luo,2000；Li,Zhou,Shao,2008；Sheng,Zhou,Li,2011；Kemper,Engelen,Brettel,2011
	客户	
	竞争者	
企业家政治资本（我们企业的高层管理者与以下政府机构建立了良好关系）	各级政府部门的官员	
	到目前为止，我们企业和当地政府官员的关系发展良好	
	我们企业投入了较多的资源以建立和维护与政府机关的良好关系	

5.2.3 中介变量:资源获取

本书根据朱秀梅和李明芳(2011)的观点,将资源获取分成资产类资源获取和知识类资源获取。其中知识类资源获取是指企业能够从外部获取的技术知识和技能、新产品/服务开发知识和技能、市场营销知识和技能、顾客服务知识和技能、管理知识和技能、开发新市场的知识和技能等六个方面(Wiklund,Shepherd,2003;朱秀梅,陈琛,纪玉山,2010)。而资产类资源的获取包括资金、厂房、设备、原材料等(Wilson,Appiah-Kubi,2002)。

根据 Salancik 和 Pfeffer(1978)、Wiklund 和 Shepherd (2003)、Wilson 和 Appiah-Kubi (2002)、朱秀梅和李明芳(2011)、张方华(2006)等学者的观点,对资源获取的测度如表 5.3 所示。

表 5.3 企业资源获取的测度

分类	测量题项(近三年企业从外部获取下述资源的程度)	测度的来源或依据
知识类资源	先进技术信息和技能	Salancik,Pfeffer,1978;Wiklund,Shepherd,2003;Wilson,Appiah-Kubi,2002;朱秀梅,李明芳,2011;朱秀梅,陈琛,纪玉山,2010;张方华,2006
	新产品(服务)开发信息和技能	
	市场信息和知识	
	企业管理技能	
	生产运作信息与知识	
	聘请外部有经验的专家,如行业专家、技术骨干、管理人才等	
	从外部寻求和获取提高员工技能和知识的培训机会	
	外部劳动力资源	
资产类资源	以较低成本获取设备、原材料、厂房等资源	
	政府的资金或者税收优惠	
	金融机构的贷款	
	风险投资机构的资金	
	通过外部技术合作获取资金	

5.2.4 调节变量:企业家精神与不良竞争

企业家精神反映了企业对创新的重视程度,包括创新性、风险承担性、行动超前性三个维度(Covin,Slevin,1989)。Miller 和 Friesen (1982)、Covin 和 Slevin(1989)、Lumpkin 和 Dess(1996)以及 Wiklund(1999)等学者开发的企业家精神量表,是目前较为常用的量表。本书主要借鉴了Covin 和 Slevin(1989)的研究,采用了利克特七点量表,选用了 11 个题项来测量企业家精神,具体见表 5.4。

表 5.4 企业家精神的测度

变量	测量题项	测度的来源或依据
企业家精神	高层管理者很重视创新	Covin,Slevin,1989;Renko, Carsrud, Brännback, 2009; Li, Poppo, Zhou, 2008;焦豪,魏江,崔瑜,2008
	总是采用各种有效手段激励员工开展创造性活动和创新试验	
	坚信企业生存依赖于成功的创新活动	
	为了获取领先地位,保证足够的研发经费用于新产品或新技术开发	
	持续监测市场需求变化趋势,识别和预测顾客未来的需求	
	经常先于竞争对手看到市场或技术机会并率先采取有效行动	
	在本行业率先提出新的创意或引进新的技术	
	倾向于选择高风险高回报的项目	
	面对产品、技术或市场的不确定性会做出大胆的决策	
	常常大胆尝试采用很多行动和重大举措以实现企业的目标	
	鼓励管理者和员工勇于承担业务风险和财务风险	

不良竞争能够反映转型背景下制度环境的部分特征。不良竞争的测量主要借鉴了 Li 和 Atuahene-Gima(2011)以及 Sheng 等(2011)的测量方式,采用利克特七点量表对企业所处的行业近三年经历以下三种情况的程度进行打分,包括价格战、不合法竞争行为、不公平竞争行为等。具体内容见表 5.5。

表 5.5　不良竞争的测度

变量	测量题项	测度的来源或依据
不良竞争	激烈的价格竞争在公司所处的行业是很普遍的现象	Li,Atuahene-Gima,2001;Li,Zhang,2007;Sheng,Zhou,Li,2011
	公司所处行业存在一些违法竞争行为,如非法仿制新产品、制造伪劣产品等	
	公司所处的行业存在一些不公平的竞争行为	

5.2.5　控制变量

本书对可能影响企业家社会资本与企业创新能力关系的几个主要变量进行控制,分别是企业规模、企业年龄、研发投入强度、所有制类型、企业家受教育程度等五个变量。

(1)企业规模。企业规模会影响企业创新能力(Damanpour,1992)。有些学者认为大企业相比于小企业拥有更多的资源,因而有更多的创新行为(Henderson,Cockburn,1994);但也有些学者指出小企业所具有的柔性或灵活性更有利于创新(Acs,Audretsch,1987)。因此,选择企业规模作为控制变量,控制其对企业创新活动的影响。考虑到企业主营业务收入与研发投入强度可能存在的共线性问题,本书选择企业员工人数作为企业规模的代理测量加以控制。企业员工人数划分为七档,分别为 50 人以下、50 人（含）～100 人、100 人（含）～300 人、300 人（含）～500 人、500 人（含）～1000 人、1000 人（含）～3000 人、3000 人（含）以上，按照规模大小从"1→7"取分值。

（2）企业年龄。随着企业年龄的增长，企业能积累更多的知识与能力，进而有助于企业创新（彭新敏，2009）。但是企业年龄增长也会给企业带来能力的刚性，不利于企业进一步创新（Leonard-Barton，1992）。因此，将企业年龄作为控制变量，控制其对企业创新能力的影响。本书把企业自成立起到 2013 年为止所经历的年份计为企业年龄，并取对数值。

（3）企业研发投入强度。企业研发投入对企业创新能力有直接影响，这在创新领域的实证研究中已经得到证实（Cohen，Levinthal，1990）。本书在测量企业研发投入强度时分成 7 档，分别为 0.5％以下、0.5％（含）～1％、1％（含）～2％、2％（含）～5％、5％（含）～8％、8％（含）～10％、10％（含）以上。

（4）企业所有制类型。企业所有制类型会对企业资源获取和企业创新能力等变量有影响（Shu，Page，Gao，et al. ，2011）。本书在测量企业所有制类型时将其分为"国有独资或控股""民营""集体""外商独资或控股""其他"。

（5）企业家因素。企业家受教育程度作为企业家人力资本的重要体现，一定程度上反映了企业家对新颖、复杂信息的识别、分析和处理的能力（陈传明，孙俊华，2008），会对企业技术创新和组织革新有显著正向的影响（贺小刚，潘永永，连燕玲，2007；贺小刚，李新春，2005）。因此，将企业家受教育程度作为控制变量之一，控制其对企业创新能力的影响。企业家受教育程度分为五档，分别为初中及以下、高中（中专）、大专、本科、研究生及以上。

5.3　数据收集与样本描述

5.3.1　样本选择与数据收集

本书的研究主题主要考虑企业家构建外部网络的活动对企业创新能力的影响,因此,在选择样本时主要关注企业是否有开展创新活动。样本企业只要具有产品创新、商业模式创新、工艺创新、组织创新、管理创新、服务创新等活动中的一种或者多种类型创新活动即可以作为本书的研究对象。

由于调查问卷中涉及企业多方面的经营信息,只有对企业整体情况较为了解的中高层管理者或者企业老员工才能掌握这些信息,因此企业中高层管理者和企业老员工是此问卷的主要填写人。本次调查采用纸质问卷和电子问卷两种方式,从 2013 年 4 月至 8 月,通过直接拜访企业收集数据,委托朋友发放、收集数据以及委托企业调查机构代发问卷等多种形式,总共发放问卷 670 份,回收问卷 547 份,有效问卷 445 份,回收率 81.6%,有效率 81.4%(见表 5.6)。参考 Babbie(1973)的观点,本次问卷的回收率较高,因此可以不考虑未应答问卷的偏差。

表 5.6　问卷发放与回收情况

问卷发放方式	发放数/份	回收数/份	回收率/%	有效数/份	有效率/%
直接走访企业	25	25	100.0	23	92.0
委托朋友	285	207	72.6	182	87.9
委托调查机构	360	315	87.5	240	76.2
合计	670	547	81.6	445	81.4

5.3.2　样本描述

本次样本的基本特征如表 5.7 所示。从回收的 445 份有效问卷看,应答企业的平均年龄为 15.04 年,包括了新成立的企业到成立至今约 63 年的企业。从企业员工数量和近三年主营业务收入的情况看,近三年公司主营业务收入在 4 亿元以下的样本企业占 64.27%,员工人数 1000 人以下的样本企业占 70.34%,这表明样本企业以中小企业为主。从企业所有制性质来看,样本企业中民营企业占了 57.75%。从企业研发投入强度看,研发投入强度低于 2% 的企业占 41.36%,研发投入强度在 2% 与 5% 之间的样本企业占 17.89%,研发投入强度高于 5% 的企业占 39.78%,样本企业研发投入强度离散程度较大。

表 5.7　样本企业特征描述($N=445$)

项目	分类特征	样本/份	占比/%
员工规模/人	<50	65	14.61
	50(含)～100	60	13.48
	100(含)～300	75	16.85
	300(含)～500	63	14.16
	500(含)～1000	50	11.24
	1000(含)～3000	47	10.56
	3000(含)以上	85	19.10
营业收入/万元	<300	31	6.97
	300(含)～1000	48	10.79
	1000(含)～2000	46	10.34
	2000(含)～10000	85	19.10
	10000(含)～40000	76	17.08
	40000(含)～100000	41	9.21
	100000(含)以上	118	26.52

续表

项目	分类特征	样本/份	占比/%
投入强度	<0.5%	84	18.88
	0.5%(含)~1%	50	11.24
	1%(含)~2%	50	11.24
	2%(含)~5%	80	17.98
	5%(含)~8%	71	15.96
	8%(含)~10%	47	10.56
	>10%(含)	59	13.26
企业家学历	初中及以下	13	2.92
	高中(中专)	39	8.76
	大专	71	15.96
	本科	224	50.34
	研究生	96	21.57
所有制类型	国有独资或控股	107	24.04
	民营	257	57.75
	集体	14	3.15
	外商独资或控股	56	12.58

注:有效问卷 445 份中,有 4 份问卷未填写投入强度的数据,有 2 份未填写企业家学历,有 11 份未填写所有制类型,故而员工规模、营业收入、投入强度、企业家学历、所有制类型等问卷数量不同。

5.4　主要实证研究方法

本书以问卷调查方式收集数据,对于回收的 445 份问卷数据,将逐步进行描述性统计分析、信度与效度检验、探索性因子分析和验证性因子分析,采用层次回归分析的方法检验企业家社会资本与创新能力之间关系的总效应以及企业家精神和不良竞争在企业家社会资本与企业创新能力间关系的调节效应,并采用结构方程模型分析资源获取在企业家社会资本与创新能力间关系的中介作用。本书所使用的统计分析软件为 SPSS 20.0 和 AMOS 17.0,其中 SPSS 20.0 软件用于描述性统计,信度、效度分析和层次回归分析,而 AMOS 17.0 软件用于效度、测量模型和结构方程模型分析。本书采用的具体分析方法如下。

5.4.1 描述性统计分析

主要对样本企业的基本资料进行统计分析,包括样本企业的规模(员工人数和营业收入)、研发投入强度、所有制类型、企业家受教育程度等方面描述样本的类别、具体特征以及比例分配情况,具体内容见表 5.7。

5.4.2 信度和效度分析

测量的信度是指测量结果的稳定性或一致性(也称可靠性),反映的是测量的随机误差的情况,包括重测信度、复本信度、内部一致性信度以及评价者信度等(马庆国,2008)。信度高意味着测量有较强的排除随机误差的能力。内部一致信度反映的是用多个题项/指标测量某一个概念时,多个题项/指标的一致性程度,是较常使用的评价测量稳定性的方法之一,常用克龙巴赫 α 系数(Cronbach's α)作为反映测量内部一致性的指标。该系数取值在(0,1)区间,系数值越大,则表明测量的信度越高。按照经验判断的方法,用于测度同一变量的不同题项之间的克龙巴赫 α 系数应该大于 0.7(李怀祖,2000)。

测量效度是指测量的结果接近所要测量变量的真实内涵的程度,反映了测量的系统误差的情况(马庆国,2008),主要包括内容效度(content validity)、构念效度(construct validity)、表面效度(face validity)与效标关联效度(criterion-related validity)等(陈晓萍,徐淑英,樊景立,2008)。而内容效度(测量内容对研究者所要测量的构念的反映程度/代表程度)和构念效度(测量过程中构念的定义与测量之间的一致性程度)是具体实证研究中较为常用的两个效度。聚合效度(convergent validity)与区分效度(discriminant validity)是反映构念效度的重要概念,前者是指应用不同方法测量同一构念时所观测到的数值之间的高相关性,后者指应用不同方法测量不同构念时,所观测到的数值之间应该可以区分开来(陈晓萍,徐淑英,樊景立,2008)。

另外,由于本书一部分构念的测量没有直接可以借鉴的成熟量表,因此,在检验测量的信度与效度之前先要做探索性因子分析来检验测量的题项是否与理论上设定的因子结构相吻合。在分析过程中采用主成分因子分析、极大方差旋转以及特征根大于 1 的方式来提取因子。在探索性因子分析中,各个题项的因子载荷值需高于 0.5(马庆国,2002)。

5.4.3 相关分析

本书以皮尔森(Pearson)相关分析研究企业家社会资本、资源获取、企业创新能力、企业家精神、不良竞争以及企业规模、年龄等控制变量的相关系数矩阵,分析不同变量之间的相关系数和相关系数的显著性程度,为下一步层次回归和结构方程建模提供基础。

5.4.4 层次回归分析

本书除了检验企业家社会资本影响企业创新能力的直接效应,还要检验企业家精神、不良竞争对企业家社会资本与创新能力之间的调节效应。运用层次回归分析方法时,研究者可以按照变量间的因果关系设定进入回归模型的顺序(Cohen J,Cohen P,West,et al.,2013),来直观地了解新进入的解释变量对被解释变量的贡献程度。由于本书在变量测量上采用的是多个维度进行测度的方式,因此在分析过程中取题项均值作为变量的值。

在进行调节效应分析的时候,由于自变量和调节变量往往与它们的乘积项高度相关,因此在生成交互项时,对连续型的自变量和调节变量进行中心化处理,以消除多重共线性带来的影响。在分析过程中,根据 R^2 变化的显著性程度(F 值)来分析调节效应模型的显著程度。

5.4.5　结构方程建模分析

结构方程建模分析是基于变量的协方差矩阵分析变量之间关系的统计方法之一,它的优点是:能够同时分析潜变量及其观察变量之间的复杂关系;能够准确估计出测量误差的大小和其他参数值,提高整体测量的准确度;可以同时计算多个因变量之间的关系(陈晓萍,徐淑英,樊景立,2008)。

由于企业家社会资本对企业创新能力作用机制的概念模型中企业家社会资本、资源获取、创新能力等构念具有主观性强、难以直接观测、因果关系较为复杂等特点,因此选用结构方程模型进行验证性因子分析。通常用于评价和选择模型的拟合指数包括绝对拟合指标,如:χ^2、χ^2/df、RMSEA、GFI 等以及相对拟合优度指数,如:CFI、NFI、IFI 等。

χ^2:绝对拟合指数,χ^2 值如果不显著,则表明模型拟合程度好。由于 χ^2 值对样本大小非常敏感,样本量越大时 χ^2 越容易显著,因此实证研究中常参考卡方指数与自由度的比值,即 χ^2/df,当 $\chi^2/df \leqslant 2$ 时,认为模型拟合非常好;当 $2 < \chi^2/df \leqslant 3$ 时,模型拟合可接受(陈晓萍,徐淑英,樊景立,2008)。

RMSEA(近似误差均方根),常用的较好的绝对拟合指数,其值越低越好:RMSEA $\leqslant 0.05$ 时表示是非常好的模型拟合结果;$0.05 < $ RMSEA $\leqslant 0.08$ 时,表示是可以接受的模型拟合结果;$0.08 < $ RMSEA $\leqslant 0.1$ 时,表示拟合结果一般(陈晓萍,徐淑英,樊景立,2008)。

GFI(拟合优度指数),其值越高越好,一般 GFI $\geqslant 0.9$ 可接受,越接近 1 越好(侯杰泰,温忠麟,成子娟,2004)。

CFI(比较拟合指数),其值不易受样本量影响,是较为理想的相对拟合指标。CFI 值介于 0 与 1 之间。当 CFI $\geqslant 0.9$ 时可接受,当 CFI $\geqslant 0.95$ 时代表假设理论模型与数据的拟合结果非常好(陈晓萍,徐淑英,樊景立,2008)。

5.5　本章小结

本章主要对实证研究中运用的研究方法进行了较详细的阐述,分别从问卷设计、变量的测量、数据收集与样本描述以及主要选用的实证分析方法等几个方面逐步进行论述。在设计问卷的过程中,本书尽量采用科学、合理的步骤和方法,遵循"文献研究与实地调研相结合→与领域内的专家讨论→与企业界专家讨论→小样本预测试"等步骤,对问卷题项进行精炼,尽量减少干扰因素带来的不利影响。在变量测量上,本书在阅读大量相关文献的基础上,结合已有文献对企业家社会资本、创新能力、资源获取、企业家精神、不良竞争等变量的测量方式和内容,确定了各个变量的测量量表。在问卷发放和数据收集的过程中,采用了多种渠道发放问卷,持续跟进问卷的回收过程,尽最大的可能保证收回问卷的数据质量。最后,在选用具体的实证研究方法时,结合模型的特征选择了与之相对应的实证研究方法,并对研究方法中的一些基本概念和常用检验指标做了说明。在第6章中,将基于获取的有效问卷的数据,运用上述实证分析方法对本书的概念模型和具体假设进行实证检验。

6

企业家社会资本影响企业创新
能力的实证分析

本章主要是运用第 5 章所阐述的实证研究方法对企业家社会资本影响企业创新能力的内在机制进行实证分析。首先,通过信度和效度分析对具体变量的测量题项进行检验,然后通过层次回归分析和结构方程建模分别检验主效应模型、中介模型和调节模型,最后对检验结果进行分析和讨论。

6.1 探索性因子分析

首先,通过探索性因子分析产生有关变量内部结构的理论。本书采用两个指标——α 系数与题项-总体相关系数(CITC),对变量的测量进行信度检验。这两个指标的值越高,则表明本书对变量的测量具有越好的内部一致性。按照经验判断方法,α 系数应该大于 0.7,而题项-总体相关系数应大于 0.35(李怀祖,2004)。

构念效度指变量测量的准确性,它评价的是我们在对构念进行操作化时,变量测量的内容和构念定义的一致性程度。检验构念效度的步骤包括:第一,根据现有理论研究、文献梳理、实际检验等建立假设性理论构思;第二,根据构思的假设性理论编制合适的检验工具;第三,遴选合适的受试者进行测试;第四,用实证方法检验测量工具是否能有效解释研究者所构思的概念(吴明隆,2003)。从步骤 1 至步骤 3,本书已经通过文献综述、理论模型构建以及变量的测量以及与数据的收集完成了。为了更好地确保本书的构念效度,接下来将用因子分析的方法来进一步检验构念效度,若因子分析的结果与理论上对变量结构的分析相接近,则认为该测量工具具有较好的构念效度(吴明隆,2003)。

目前学术界对探索性因子分析所需的最低样本容量没有明确的界定。一般认为,样本数量为变量数的5～10倍,或者样本量达到变量中题项数的5～10倍即可(郑素丽,2008)。鉴于本次因子分析中需要处理的变量下的题项最多为19项,按照放大5倍的标准,本书选择110份有效问卷进行探索性因子分析。

6.1.1　自变量:企业家社会资本

因子分析要求KMO值大于0.7,并且巴特利特球形检验结果具有显著性(马庆国,2002)。探索性因子分析结果显示,企业家社会资本的KMO值为0.803,巴特利特球形检验统计值在$p<0.001$的水平上具有显著性,因此适合进一步做因子分析。进而,本书针对这110份样本对企业家社会资本这一变量下的6个题项进行探索性因子分析,提取出2个因子(提取标准:特征值大于1,最大因子载荷大于0.5的要求),2个因子的累积解释变差为79.313%。结合现有文献对企业家社会资本构成维度的划分和构成维度的内涵界定,2个因子分别可以解释为:因子1代表企业家政治资本;因子2代表企业家商业资本。探索性因子分析的初步结果如表6.1所示。

表6.1　企业家社会资本的探索性因子分析结果1($N=110$)

题项(简写)	因子载荷	
	1	2
各级政府部门的官员	0.886	0.274
到目前为止,与当地政府官员的关系发展良好	0.872	0.333
投入了较多资源以建立和维护与政府机关的良好关系	0.871	0.132
竞争者	0.111	0.871

题项（简写）	因子载荷	
	1	2
供应商	0.251	0.836
客户	0.372	0.761

注：KMO 值为 0.803，巴特利特球形检验值为 381.546，统计值在 $p<0.001$ 的水平上显著，探索性因子分析得到的 2 个因子的累积解释变差为 79.313%。

接下来，对旋转出来的两个因子进行信度分析。结果如表 6.2 所示，所有的题项-总体相关系数均大于 0.34，同时各变量的 α 值均大于 0.7。这表明企业家社会资本不同变量的题项之间具有较好的内部一致性。

虽然表 6.2 显示删除"投入了较多资源以建立和维护与政府机关的良好关系"这一题项能够改进总体的 α 值，但是考虑到企业家社会资本的测量采用了较为成熟的量表，并且该题项-总体相关系数大于 0.3，而删除该题项带来的信度系数改变量不大，故而选择保留"投入了较多资源以建立和维护与政府机关的良好关系"这一题项。

表 6.2　企业家社会资本的信度分析结果（$N=110$）

变量	题项（简写）	题项-总体相关系数	项已删除 α 值	α 值
商业资本	供应商	0.698	0.729	0.821
	客户	0.667	0.767	
	竞争者	0.671	0.763	
政治资本	各级政府部门	0.821	0.829	0.896
	当地官员	0.846	0.813	
	投入资源	0.728	0.913	

6.1.2　因变量：创新能力

创新能力的 KMO 值为 0.848，且巴特利特球形检验结果具有显著性，可以进一步做因子分析。随后,本书用这 110 份样本对创新能力的 5 个题项进行探索性因子分析,分析结果如表 6.3 所示。各个题项旋转成一个因子,该因子解释了总体方差的 81.182%,各题项在因子上的载荷均在 0.88以上。

表 6.3　创新能力的探索性因子分析结果(N=110)

题项(简写)	因子载荷 1
产品销售额	0.920
产品利润	0.908
产品数量	0.898
产品开发成功率	0.889
产品开发速度	0.889

注:KMO 值为 0.848,巴特利特球形检验值为 527.202,统计值在 $p<0.001$ 的水平上显著,探索性因子分析得到的因子累积解释变差为 81.182%。

接下来,对创新能力的测量题项进行信度检验,结果如表 6.4 所示,所有的题项-总体相关系数均大于 0.35,同时 α 值均大于 0.7,表明创新能力的题项之间具有较好的内部一致性。

由此可见,创新能力这一构念的测量具有较好的效度和信度。

表 6.4　创新能力变量的信度检验(N=110)

题项(简写)	校正的项总计相关性	项已删除的 α 值	α 值
产品销售额	0.869	0.924	
产品利润	0.852	0.927	
产品数量	0.838	0.929	0.942
产品开发速度	0.826	0.931	
产品开发成功率	0.827	0.931	

6.1.3　中介变量：资源获取

企业资源获取的 KMO 值为 0.766，而且巴特利特球形检验显著，因此适合进一步做因子分析。进而，本书运用 110 份样本对资源获取的 13 个题项进行探索性因子分析。通过多次旋转，根据特征值大于 1，最大因子载荷大于 0.5 的要求，对剩余的 8 个题项提取出了两个因子，因子累积解释变差为 67.659%。

表 6.5　资源获取变量的探索性因子分析的结果 1(N=110)

题项（简写）	因子载荷	
	1	2
新产品（服务）开发信息和技能	0.907	0.190
先进技术信息和技能	0.890	0.095
市场信息和知识	0.811	0.180
管理技能	0.663	0.408
银行贷款	0.084	0.825
风投资金	0.105	0.801
获取设备、原材料、土地等资源	0.240	0.709
政府的资金或税收优惠	0.321	0.673

注：KMO 值为 0.766，巴特利特球形检验值为 431.590，统计值在 $p < 0.001$ 的水平上显著，探索性因子分析得到的因子累积解释变差为 67.659%。

接下来，本书对上述两个因子进行信度检验。如表 6.6 所示，所有的题项-总体相关系数均大于 0.35，同时变量的 α 值均大于 0.7。因此资源获取的两个因子所对应的具体题项之间具有较好的内部一致性。

表 6.6　资源获取的信度检验（$N = 110$）

变量	题项（简写）	题项-总体相关系数	项已删除的 α 值	α 值
知识类资源	先进技术信息和技能	0.752	0.825	0.871
	新产品（服务）开发信息和技能	0.841	0.787	
	市场信息和知识	0.705	0.845	
	管理技能	0.617	0.877	
资产类资源	获取设备、原材料、土地等资源	0.560	0.746	0.784
	政府的资金或税收优惠	0.572	0.742	
	银行贷款	0.635	0.708	
	风投资金	0.602	0.726	

6.1.4　调节变量

6.1.4.1　企业家精神

在对企业家精神进行因子提取之前，先进行样本充分性检验，得到 KMO 值为 0.902，巴特利特球形检验结果在 $p < 0.001$ 的水平上显著，因此适合进一步做因子分析。随后，运用 110 份样本数据对企业家精神的 11 个题项进行因子分析，得出 2 个因子，因子累积解释变差为 78.790%。但"经常先于竞争对手看到市场或技术机会并率先采取有效行动"这一题项在 2 个因子上的交叉载荷很明显。因此，考虑删去该题项，然后再次进行探索性因子分析，得到 2 个因子，因子累积解释变差为 79.777%。

对企业家精神变量进行探索性因子分析旋转得出的 2 个因子，因子 1 反映了企业创新性与前瞻性，因子 2 反映了风险承担性（具体见表 6.7）。

国内学者张玉利等(2006)以及焦豪、魏江等(2008)的分析也得出了企业家精神是由 2 个维度构成的,即创新与超前行动性和风险承担性。

表 6.7　企业家精神变量的探索性因子分析结果(N=110)

题项(简写)	因子载荷	
	1	2
生存依赖于创新	0.907	0.231
高管重视创新	0.893	0.104
激励员工创新	0.869	0.250
保证足够的研发经费	0.864	0.264
关注顾客未来需求	0.832	0.236
率先提出新创意	0.758	0.396
倾向于选择高风险高回报的项目	0.019	0.905
面对不确定性大胆决策	0.326	0.860
大胆行动以实现目标	0.367	0.846
鼓励承担风险	0.298	0.761

注:KMO 值为 0.889,巴特利特球形检验值为 1000.322,统计值在 $p < 0.001$ 的水平上显著,探索性因子分析得到的因子累积解释变差为 79.777%。

接下来,本书对因子 1 和因子 2 进行信度分析以检验是否通过了探索性因子分析的各个题项之间的内部一致性。结果如表 6.8 所示,所有的题项-总体相关系数均大于 0.35,企业家精神因子 1 的 α 值为 0.946,因子 2 的 α 值为 0.902。因此企业家精神变量的题项之间具有较好的内部一致性。

由此可见,企业家精神这一变量的测量具有较好的信度和效度。

表 6.8   企业家精神变量的信度检验($N=110$)

变量	题项（简写）	题项-总体 相关系数	项已删除的 α 值	α 值
企业家 精神 1	高管重视创新	0.825	0.938	0.946
	激励员工创新	0.861	0.933	
	生存依赖于创新	0.897	0.930	
	保证足够的研发经费	0.861	0.934	
	关注顾客未来需求	0.802	0.941	
	率先提出新创意	0.784	0.943	
企业家 精神 2	倾向于选择高风险高 回报的项目	0.742	0.888	0.902
	面对不确定性大胆决策	0.841	0.853	
	大胆行动以实现目标	0.849	0.850	
	鼓励承担风险	0.704	0.904	

6.1.4.2   不良竞争

不良竞争这一变量测量的 KMO 值为 0.725，而且巴特利特球形检验结果在 $p<0.001$ 的水平上显著，因此适合进一步做因子分析。进而，本书针对这 110 份样本对不良竞争涉及的 3 个题项进行探索性因子分析。根据特征值大于 1，最大因子载荷大于 0.5 的要求，得出 1 个因子，累积解释变差为 83.983%。

接下来，本书对不良竞争的测量进行信度分析，来检验各个题项之间的内部一致性。从表 6.9 和表 6.10 可以看出不良竞争的测量具有较好的效度和信度。

表 6.9 不良竞争变量的探索性因子分析结果($N=110$)

题 项	因子载荷
公司所处行业存在一些违法竞争行为，如非法仿制新产品、制造伪劣 产品等	0.944

续表

题　　项	因子载荷
公司所处的行业存在一些不公平的竞争行为	0.911
激烈的价格竞争在公司所处的行业是很普遍的现象	0.894

注：KMO 值为 0.725，巴特利特球形检验值为 217.675（$p < 0.001$），探索性因子分析得到因子的累积解释变差为 83.983%。

表 6.10　不良竞争的信度检验（$N = 110$）

变量	题项（简写）	题项-总体相关系数	项已删除的 α 值	α 值
不良竞争	激烈的价格竞争在公司所处的行业是很普遍的现象	0.768	0.898	0.904
	公司所处行业存在一些违法竞争行为，如非法仿制新产品、制造伪劣产品等	0.865	0.815	
	公司所处的行业存在一些不公平竞争行为	0.796	0.872	

6.2　验证性因子分析

在本书所构建的量表都通过了探索性因子分析后，在 2013 年 6 月至 8 月 1 日之间发放了第二轮问卷，最终回收的有效问卷有 335 份。为了能保证观测变量的内部结构，检验聚合效度和区分效度，本书将在上述对 110 份问卷做探索性因子分析的基础上，运用 AMOS 17.0 软件进一步对第二轮收集到的 335 份有效问卷进行验证性因子分析。

6.2.1 自变量:企业家社会资本

首先运用第二轮收集的数据对企业家社会资本的测量进行信度分析,结果如表 6.11 所示,所有的题项-总体相关系数均大于 0.35,同时各变量的 α 值均大于 0.7,并且删除其他任何一个题项都会降低内部一致性数值,说明企业家商业资本和企业家政治资本对应的各个题项具有较好的内部一致性。

表 6.11 企业家社会资本量表的信度检验结果($N=335$)

变量	题项(简写)	题项-总体相关系数	项已删除的 α 值	α 值
商业资本	供应商	0.654	0.718	0.800
	客户	0.682	0.695	
	竞争者	0.608	0.772	
政治资本	各级政府部门	0.788	0.807	0.876
	当地官员	0.802	0.798	
	投入资源	0.713	0.867	

接下来对企业家社会资本的各个维度分别进行验证性因子分析。拟合结果表明,χ^2 值为 10.770(自由度=8),χ^2/df 值为 1.346,小于 2;CFI 值为 0.997,NFI 值为 0.989,TLI 值为 0.994,均大于 0.900;RMSEA 值为 0.032,小于 0.05;各路径系数均在 $p<0.001$ 的水平上具有统计显著性(见表 6.12)。因此,该模型拟合结果良好。

表 6.12 企业家社会资本测量模型的拟合结果($N=335$)

路径	标准化路径系数	路径系数	S. E.	C. R.	p
供应商←企业家商业资本	0.772	1.000	—	—	—

续表

路径	标准化 路径系数	路径系数	S. E.	C. R.	p
用户企业←企业家商业资本	0.817	0.981	0.079	12.378	***
竞争者←企业家商业资本	0.693	0.963	0.084	11.474	***
各级政府部门的官员←企业 家政治资本	0.864	1.000	—	—	—
当地政府官员←企业家政治 资本	0.904	0.854	0.045	19.066	***
投入资源建立关系←企业家 政治资本	0.761	0.790	0.049	16.073	***
χ^2	10.770	RMSEA	0.032	CFI	0.997
df	8	NFI	0.989	GFI	0.990
χ^2/df	1.346	TLI	0.994	—	—

注：*** 表示 $p<0.001$。

表 6.12 表明所有题项在潜变量上的荷载均大于 0.7 或接近 0.7，且在
$p<0.001$ 水平上均显著。此外，企业家商业资本的 AVE 的根号值为
0.756，均高于企业商业资本与其他潜变量之间的相关系数；企业家政治资
本的 AVE 的根号值为 0.848，均高于企业家政治资本与其他潜变量之间
的相关系数。因此，可以初步判断变量测量具有较好的聚合效度和区分
效度。

6.2.2　因变量：创新能力

对创新能力这一变量的测量进行第二次信度检验。如表 6.13 所示，
对企业创新能力的测量满足前面提到的信度指标要求，通过了信度检验，
表明测度变量的各题项内部一致性较好。

表 6.13　企业创新能力测度的信度检验（N=335）

题项（简写）	校正的项总计相关性	项已删除的 α 值	α 值
产品销售额	0.840	0.902	
产品利润	0.756	0.918	
产品数量	0.812	0.907	0.925
产品开发速度	0.813	0.907	
产品开发成功率	0.805	0.909	

6.2.3　中介变量：资源获取

首先，对知识类资源获取和资产类资源获取这两个变量的测量进行信度检验。结果如表 6.14 所示，各变量测量均通过了信度检验，α 值均高于0.7，说明对变量的测量具有较好的信度。

表 6.14　企业资源获取的信度检验（N=335）

变量	题项（简写）	题项-总体相关系数	项已删除的 α 值	α 值
知识类资源获取	先进技术信息和技能	0.756	0.784	
	新产品（服务）开发信息和技能	0.784	0.771	0.852
	市场信息和知识	0.640	0.834	
	管理技能	0.603	0.849	
资产类资源获取	获取设备、原材料、土地等资源	0.497	0.711	
	政府的资金或税收优惠	0.555	0.681	0.746
	银行贷款	0.591	0.658	
	风投资金	0.525	0.699	

其次,对知识类资源获取和资产类资源获取这两个变量进行验证性因子分析。最初验证性因子分析的测量模型得出企业获得风险投资资金和获得银行贷款这两个题项的残差协方差较高,因此将两个题项取平均值,生成一个新的观测变量放入模型。最后得到测量模型的拟合结果见表 6.15。

表 6.15　资源获取测量模型的拟合结果

路径	标准化路径系数	路径系数	S. E.	C. R.	p
物质资源←资产获取	0.643	1.000			
政府资金←资产获取	0.753	1.120	0.125	8.966	***
金融机构资金支持←资产获取	0.630	0.939	0.111	8.484	***
先进技术信息和技能←知识获取	0.880	0.973	0.048	20.209	***
新产品开发信息←知识获取	0.904	1.000			
市场信息和知识←知识获取	0.657	0.618	0.046	13.491	***
管理技能←知识获取	0.623	0.645	0.051	12.562	***
χ^2	52.871	RMSEA	0.096	CFI	0.958
df	13	NFI	0.945	GFI	0.958
χ^2/df	4.067	TLI	0.932		

注:*** 表示 $p<0.001$。

表 6.15 给出的拟合结果表明,χ^2 值为 52.871(自由度＝13),χ^2/df 值为 4.067,小于 5;CFI 值为 0.958,NFI 值为 0.945,TLI 值为 0.932,均大于 0.900;RMSEA 值为 0.096,小于 0.1。并且,各路径系数均在 $p<0.001$ 的水平上具有统计显著性。此外,知识类资源获取这一潜变量的 AVE 的根号值为 0.777,均高于知识类资源获取与其他潜变量之间的相关系数;资产类资源获取的 AVE 的根号值为 0.675,均高于资产类资源获取与其他潜变量之间的相关系数。因此,我们认为所采用的测量企业资源获取这一概念的量表是有效的。

6.2.4 调节变量

6.2.4.1 企业家精神

首先对企业家精神这一变量的第二轮数据进行信度分析,结果如表 6.16 所示,企业家精神这一变量总体的 α 值为 0.956,通过了信度检验,说明变量测度的一致性较好。

表 6.16 企业家精神变量测度的信度检验($N=335$)

变量	题项(简写)	题项-总体相关系数	项已删除的 α 值	α 值
创新/前瞻性	高管重视创新	0.880	0.940	0.952
	激励员工创新	0.865	0.942	
	生存依赖于创新	0.898	0.938	
	保证足够的研发经费	0.855	0.944	
	关注顾客未来需求	0.805	0.949	
	率先提出新创意	0.828	0.946	
风险承担	倾向于选择高风险高回报的项目	0.765	0.905	0.916
	面对不确定性大胆决策	0.837	0.881	
	大胆行动以实现目标	0.857	0.874	
	鼓励承担风险	0.775	0.903	

然后对企业家精神这一变量进行验证性因子分析,拟合结果表明,企业家精神变量的测量模型的 χ^2 值为 110.825(自由度=34),χ^2/df 值为 3.260,小于 5;CFI 值为 0.977,NFI 值为 0.967,TLI 值为 0.970,均大于 0.900;RMSEA 值为 0.082,小于 0.1。并且,各路径系数均在 $p<0.001$ 的水平上具有统计显著性(见表 6.17)。因此,该模型拟合结果良好。

表 6.17　企业家精神变量的测量模型拟合结果

路径		标准化路径系数	路径系数	S. E.	C. R.	p
EO_率先提出←创新性与前瞻性		0.854	0.989	0.043	23.165	***
EO_高风险高回报←风险承担性		0.792	1.000			
EO_大胆决策←风险承担性		0.886	1.142	0.061	18.676	***
EO_大胆行动←风险承担性		0.918	1.198	0.061	19.554	***
EO_承担风险←风险承担性		0.828	1.131	0.066	17.033	***
EO_保证研发←创新性与前瞻性		0.879	1.095	0.044	24.834	***
EO_未来需求←创新性与前瞻性		0.821	0.801	0.038	21.289	***
EO_依赖创新←创新性与前瞻性		0.924	0.992	0.035	28.380	***
EO_重视创新←创新性与前瞻性		0.907	1.000			
EO_激励创新←创新性与前瞻性		0.894	0.955	0.037	25.942	***
χ^2	110.825	RMSEA	0.082	CFI		0.977
df	34	NFI	0.967	GFI		0.935
χ^2/df	3.260	TLI	0.970			

注：*** 表示 $p<0.001$。

6.2.4.2　不良竞争

对创新能力这一变量的测量进行第二次信度检验。如表 6.18 所示，对不良竞争的测量满足前面提到的信度指标要求，通过了信度检验，表明测度变量的各题项内部一致性较好。

表 6.18　不良竞争的信度检验($N=335$)

变量	题项(简写)	题项-总体相关系数	项已删除的 α 值	α 值
不良竞争	激烈的价格竞争在公司所处的行业是很普遍的现象	0.608	0.781	

续表

变量	题项(简写)	题项-总体相关系数	项已删除的 α 值	α 值
不良竞争	公司所处行业存在一些违法竞争行为,如非法仿制新产品、制造伪劣产品等	0.683	0.710	0.806
	公司所处的行业存在一些不公平竞争行为	0.683	0.705	

6.3 变量的描述性统计和相关分析

在进行结构方程建模和层次回归分析之前,本书首先对各研究变量进行了描述性统计分析和相关分析,目的在于分析各个研究变量的基本统计特征,并初步判断变量之间的相关系数、相关系数的显著性,以及可能给回归过程带来的多重共线性等问题。表 6.19 提供了研究模型中各主要变量的均值、标准差,以及两两间的相关系数。

从表 6.19 中可以看出,企业家商业资本、企业家政治资本与企业创新能力之间具有正向显著相关关系(前者相关系数为 0.46,$p < 0.01$;后者相关系数为 0.35,$p < 0.01$),并且企业家商业资本、政治资本与知识类资源获取、资产类资源获取也有显著的正向关系,以及知识资源获取、资产类资源获取与企业创新能力之间有正向显著相关关系(前者相关系数为 0.49,$p < 0.01$;后者相关系数为 0.34,$p < 0.01$),初步为前面的假设预期提供了证据。但是相关关系只能表明变量间是否存在相关性,无法说明变量之间的因果关系,以及具体影响作用的大小。因此,后面将通过结构方程建模和层次回归分析进一步探讨企业家社会资本影响企业创新能力的中介作用机制和调节作用机制。

表6.19 变量的相关系数矩阵

变量	均值	方差	1	2	3	4	5	6	7	8	9	10	11	12
1 企业年龄	2.35	0.99												
2 员工人数	4.07	2.05	0.38**											
3 研发投入强度	3.95	1.97	0.12*	0.29**										
4 所有制类型	0.22	0.42	0.20**	0.28**	−0.06									
5 企业家学历	3.96	0.92	0.05	0.19**	0.21**	0.17**								
6 企业家商业资本	5.73	0.98	0.12*	0.22**	0.34**	0.08	0.15**	**0.800***						
7 企业家政治资本	5.22	1.18	0.14**	0.30**	0.23**	0.23**	0.28**	0.39**	**0.876**					
8 知识类资源获取	5.28	1.06	0.16**	0.27**	0.38**	0.06	0.23**	0.54**	0.47**	**0.852**				
9 资产类资源获取	4.39	1.26	0.20**	0.28**	0.22**	0.06	0.15**	0.28**	0.47**	0.46**	**0.746**			
10 不良竞争	5.14	1.18	0.04	−0.04	−0.02	−0.07	−0.06	0.15**	0.13*	0.13*	0.09	**0.806**		
11 企业家精神	4.35	1.20	0.19**	0.34**	0.60**	0.04	0.28**	0.45**	0.39**	0.60**	0.39**	0.07	**0.956**	
12 创新能力	4.80	1.20	0.11	0.24**	0.45**	−0.02	0.24**	0.46**	0.35**	0.49**	0.34**	0.08	0.59**	**0.925**

注:1. 双尾检验 $N=335$,** 表示 $p<0.01$;* 表示 $p<0.05$。

2. 黑体内容为数据的信度值。

6.4　模型检验及其结果

6.4.1　主效应分析:企业家社会资本→创新能力

在 6.3 这一节中已经计算了企业员工人数、企业年龄等控制变量、企业家社会资本、企业创新能力的描述性统计以及各个变量两两之间的简单相关系数,得出企业家商业资本、政治资本与企业创新能力有着显著的正向相关关系,这初步为本书的假设预期提供了证据。后面将采用多层次回归分析方法对变量之间的关系做更为准确的验证。

首先检验企业家社会资本影响企业创新能力的主效应。经过检验,主效应回归模型中解释变量的方差膨胀因子(VIF)指数处于 0 与 3 之间,这说明解释变量之间不存在多重共线性问题;DW(Durbin-Watson)值为2.01,满足"大于 1.5 且小于 2.5"参考标准,因此主效应模型不存在序列相关问题;根据以标准化预测值为横轴、标准化残差为纵轴做出的残差项的散点图,检验主效应的回归模型的散点图呈现无序状态,因此认为不存在异方差问题。

随后,本书通过两个模型对不同维度企业家社会资本与企业创新能力的关系进行检验。模型 1 为基准模型,包括五个控制变量,检验了企业年龄、员工人数、研发投入强度、所有制类型以及企业家学历/受教育程度对因变量——企业创新能力的影响。模型 2 为了检验企业家社会资本对企业创新能力的影响,在模型 1 的基础上加入了企业家商业资本、企业家政治资本以及中心化后的企业家政治资本的二次项。

表 6.20 中的回归分析结果显示,模型 2 在模型 1 基础上加入了企业家商业资本、政治资本以及政治资本的二次项后,R^2 值有显著意义的提高(R^2 更改 0.116,$p<0.001$)。这表明企业家社会资本对企业创新能力有

重要的影响,具体表现为:企业家商业资本对企业创新能力有着显著正向影响($\beta=0.352$,$p<0.001$);企业家政治资本的一次项对企业创新能力有着显著正向影响($\beta=0.182$,$p<0.001$),而企业家政治资本的二次项的回归系数不显著,即企业家政治资本对企业创新能力有着显著正向影响,但是这种显著正向影响没有呈现出边际效益递减的趋势。综上所述,假设1和假设2a得到了支持,假设2b未获得支持。

表 6.20　企业家社会资本影响企业创新能力的层次回归分析

变量		模型 1		模型 2	
		β	T 值	β	T 值
控制变量	(常数项)	2.808***	9.624	0.453	1.044
	Lg(年龄)	0.042	0.656	0.022	0.374
	员工人数	0.061+	1.842	0.032	1.022
	研发投入强度	0.233***	7.303	0.168***	5.449
	所有制类型	−0.184	−1.233	−0.303	−2.169
	企业家学历	0.193**	2.936	0.137*	2.204
解释变量	企业家商业资本			0.352***	5.693
	企业家政治资本			0.182***	3.241
	企业家政治资本 2			0.039	1.162
F		20.411***		22.166***	
R^2		0.237		0.352	
调整后 R^2		0.225		0.336	
R^2 更改		0.237***		0.116***	

注:因变量为企业创新能力;回归系数为非标准化回归系数。
+ 表示 $p<0.1$;* 表示 $p<0.05$;** 表示 $p<0.01$;*** 表示 $p<0.001$。

　　接着本书运用结构方程模型进一步分析资源获取在企业家社会资本与创新能力间的中介作用。

6.4.2 中介作用检验：结构方程建模

6.4.2.1 样本容量与分布——初步数据分析

在运用结构方程模型做数据分析前，需检验数据的合理性、有效性。通常样本容量至少要在 100 至 150 之间，才适合运用极大似然法来估计结构模型（Ding，Velicer，Harlow，1995）。本书的样本数量为 335 份，满足最低样本容量要求。

此外，运用极大似然法估计结构方程模型时要求数据能服从正态分布。"当样本数据满足中值与中位数接近，偏度系数小于 2，峰度系数小于 5 的条件时，可以认为样本数据服从正态分布。"（Ghiselli，Campbell，Zedeck，1981）本书使用 SPSS 20.0 对 335 份样本数据的偏度和峰度进行计算，结果表明各题项的样本数据满足正态分布的要求。此外，前面章节中已经检验了变量测量的信度和效度。

综上所述，样本量、数据分布以及信度、效度检验均达到了结构方程建模的要求。除此之外，我们在结构方程建模前，对模型中涉及的所有变量进行了简单相关分析（见表 6.19），得出自变量（企业家社会资本）、中介变量（资源获取）以及因变量（创新能力）之间均有显著正向相关关系。

6.4.2.2 初始模型构建

结构方程模型一般可以分为纯粹验证、选择模型和产生模型等三类分析（侯杰泰，温忠麟，成子娟，2004）。本书属于产生模型分析，即通过对第 4 章提出的有关企业家社会资本与企业创新能力的概念模型和研究假设来构建初始模型，然后通过数据分析对初始模型进行修正，从而产生一个既符合理论逻辑又符合具体实践的最终模型。

基于企业家社会资本对企业创新能力作用机制的概念模型（见图 6.1），本书设置了初始结构方程模型，该模型用 6 个外生显变量来测量 2 个外生潜变量（企业家商业资本、企业家政治资本），并设置了 12 个内生显变量来测量 3 个内生潜变量（知识获取、资产获取、企业创新能力）。本书对比了加入控制变量后的模型拟合结果与未加入控制变量的模型拟合结果,得出未加入控制变量的模型拟合效果较好,并且对比了加入控制变量与未加入控制变量的路径系数,发现没有显著变化。因此本书在后面分析中采用的是未加入控制变量的模型。

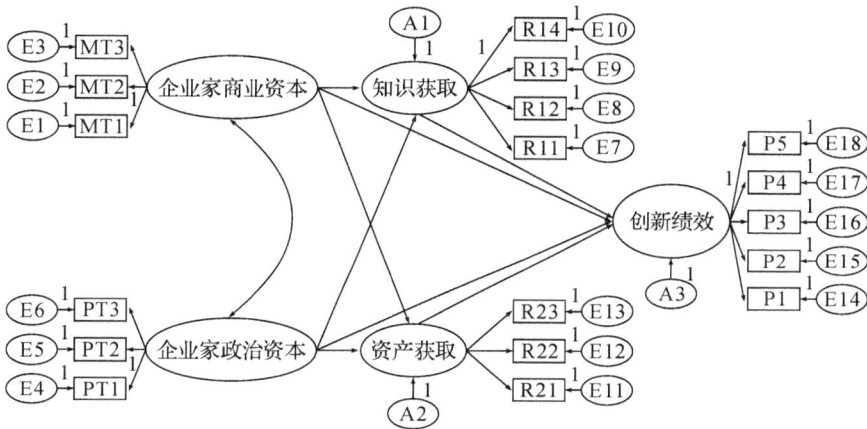

图 6.1　基本概念模型的初始结构方程

图 6.1 是在 AMOS 17.0 软件中绘制的可识别的结构方程模型,将数据导入进行拟合,得到表 6.21 所示的初始模型的拟合结果:初始模型拟合的 χ^2 值为 302.086($df=126$),χ^2/df 值为 2.398,小于 3;RMSEA 值为 0.064,小于 0.1;CFI、GFI、NFI 和 TLI 的值均高于 0.9。由此可见,结构方程的拟合指数均在可接受范围内,模型整体拟合较好。

但是,初始结构方程模型中仍有两条路径(企业家政治资本→创新能力,资产类资源获取→创新能力)系数对应的 C.R. 的值低于 1.96 的参考值,未能达到路径检验的要求,需局部修正。有学者研究指出,很少有初始结构方程模型只经过一次运算就能够拟合成功。因此,基于上述初始模型的拟合结果和路径系数检验的结果,本书将对初始模型进行微调与修正。

表 6.21　初始结构模型的拟合结果($N=335$)

路径	标准路径系数	非标准化路径系数	S. E.	C. R.	p
知识类资源获取←企业家商业资本	0.538	0.675	0.086	7.837	***
资产获取←企业家商业资本	0.200	0.216	0.080	2.696	0.007
知识类资源获取←企业家政治资本	0.245	0.284	0.069	4.113	***
资产获取←企业家政治资本	0.509	0.509	0.082	6.203	***
创新能力←企业家商业资本	0.276	0.350	0.105	3.338	***
创新能力←资产获取	0.134	0.157	0.093	1.684	0.092
创新能力←知识类资源获取	0.285	0.288	0.077	3.725	***
创新能力←企业家政治资本	0.043	0.050	0.088	0.568	0.570
χ^2	302.086	RMSEA	0.064	CFI	0.950
df	126	NFI	0.918	GFI	0.910
χ^2/df	2.398	TLI	0.940		

注：*** 表示 $p<0.001$。

6.4.2.3　模型拟合与修正

运用 AMOS 17.0 软件可以计算修正指数（modification indices，MI）。修正指数能提供使得 χ^2 拟合指数减少的有用信息，允许在总体拟合模型中增加或减少每个可能的路径产生期望减小的 χ^2。但是结构方程模型的修正过程中增加或删除路径必须有理论依据。

接下来，根据路径的修正系数以及变量间关系的理论基础对初始结构方程模型进行修正以达到较好的拟合结果。侯杰泰、温忠麟和程子娟(2004)指出,一个参数的修改可能引起其他参数系统的变化,因此进行模型修改时建议每次仅调整一个参数。根据初始结构方程模型的拟合结果,"创新能力←企业家政治资本"的 C. R. 值为 0.568,明显低于 1.96,并且考虑到这条路径的标准化回归系数只有 0.043,因此本书尝试删除这条路径。修正后的模型拟合情况见表 6.22。

表 6.22　修正后的模型拟合结果($N=335$)

路径	标准路径系数	非标准化路径系数	S. E.	C. R.	p
知识类资源获取←企业家商业资本	0.537	0.673	0.086	7.815	***
资产类资源获取←企业家商业资本	0.197	0.213	0.080	2.658	0.008
知识类资源获取←企业家政治资本	0.245	0.285	0.069	4.115	***
资产类资源获取←企业家政治资本	0.512	0.512	0.082	6.239	***
创新能力←资产类资源获取	0.160	0.188	0.077	2.436	0.015
创新能力←知识类资源获取	0.289	0.293	0.075	3.889	***
创新能力←企业家商业资本	0.283	0.359	0.105	3.426	***
χ^2	302.421	RMSEA	0.064	CFI	0.950
df	127	NFI	0.918	GFI	0.910
χ^2/df	2.381	TLI	0.940		

注:*** 表示显著性水平 $p<0.001$。

6.4.2.4 模型确认与效应分解

对初始结构方程模型进行调整与修正后,解决了由于所建立的概念模型本身存在的问题所导致的初始模型拟合中所存在的问题。模型修正所产生的最优化结构模型如图 6.2 所示。

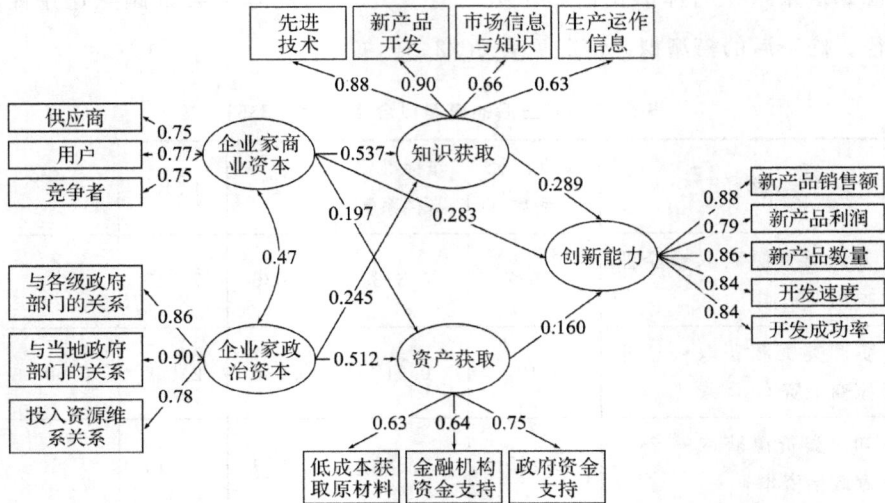

图 6.2　企业家社会资本对创新能力影响机制的最终结构模型

变量之间总共有 7 条路径在 $p<0.05$ 的水平上显著,具体是:"企业家商业资本→知识获取"的标准化路径系数为 0.537,在 $p<0.001$ 的水平上显著;"企业家商业资本→资产获取"的标准化路径系数为 0.197,在 $p<0.01$ 的水平上显著;"企业家政治资本→知识获取"的标准化路径系数为 0.245,在 $p<0.001$ 的水平上显著;"企业家政治资本→资产获取"的标准化路径系数为 0.512,在 $p<0.001$ 的水平上显著;"知识获取→创新能力"的标准化路径系数为 0.289,在 $p<0.001$ 的水平上显著;"资产获取→创新能力"的标准化路径系数为 0.160,在 $p<0.05$ 的水平上显著。综上所述,对应第 4 章提出的假设内容,本章通过结构方程建模和分析,发现假设 3a、3b、4a、4b、5a、5b 均得到了支持。

　　此外,企业家商业资本对企业创新能力的影响作用除了通过资源获取间接影响企业创新能力,还存在直接影响。"企业家商业资本→创新能力"的标准化路径系数为 0.283,在 $p<0.001$ 的水平上显著。各条路径的具体参数值见表 6.22。

　　从修正后的模型中可以看出(见图 6.2),自变量和中介变量、自变量和因变量以及中介变量与因变量之间存在多条路径,变量之间的作用效果包括了直接路径作用,也包括了通过其他变量的间接路径。为了更清楚地说明概念模型路径的全部影响,接下来将对效应进行分解。表 6.23 确认了模型中的直接效应(direct effect)、间接效应(indirect effect)和总效应(total effect)的统计显著性关系。

表 6.23　最终路径模型的效应分析表

效应类型	结果变量	企业家商业资本	企业家政治资本	知识获取	资产获取
直接效应	知识获取	0.537	0.245	0.000	0.000
	资产获取	0.197	0.512	0.000	0.000
	创新能力	0.283	0.000	0.289	0.160
间接效应	知识获取	0.000	0.000	0.000	0.000
	资产获取	0.000	0.000	0.000	0.000
	创新能力	0.187	0.153	0.000	0.000
总效应	知识获取	0.537	0.245	0.000	0.000
	资产获取	0.197	0.512	0.000	0.000
	创新能力	0.470	0.153	0.289	0.160

　　注:表中内容均为标准化值。

　　从最终模型的效应分析表中可以看出,企业家政治资本影响企业创新能力的总效应为 0.153,直接效应为 0,间接效应为 0.153。这表明,企业家政治资本对企业创新能力没有直接影响,而是通过知识类资源获取和资产类资源获取的中介作用,间接影响企业创新能力。与此同时,企业家商业资本对企业创新能力的总效应为 0.470,直接效应为 0.283,间接效应为 0.187。这表明企业家商业资本对企业创新能力提升的促进作用,部分通过资源获取(包括知识类资源获取和资产类资源获取)的方式间接作用于企业创新能力的提升。通过效应分解,可以更直观地观察企业家社会资本对企业创新能力的作用机制,验证了企业家社会资本、资源获取与企业创新能力的关联性,解释了企业家社会资本对企业创新能力的作用机制。

此外,为了进一步检验知识类资源和资产类资源中介作用的显著性,本书选用了 Sobel 检验来分析资源获取在企业家社会资本与创新能力间的中介作用。Sobel 检验有助于发现自变量对因变量的间接影响,而不考虑自变量对因变量总体效用的显著性(De Luca,Atuahene-Gima,2007)。Sobel 检验是检验中介效应的一种稳健的方法(Preacher,Hayes,2004;Shu,Page,Gao,et al.,2012)。我们运用 Sobel 检验对企业家社会资本影响企业创新能力的四条间接路径进行了检验,结果见表 6.24。可以看出,四条路径均显著($p < 0.05$)。因此,基于上述结构方程分析的方法和 Sobel 检验,资源获取是企业家社会资本与创新能力之间的中介作用机制得到了支持,即假设 H6a、H6b、H6c 和 H6d 得到支持。

表 6.24　中介作用分析

		Sobel 检验(Z 值)	p(双尾检验)
企业家商业资本	知识类资源获取	3.495	0.000
	资产类资源获取	1.800	0.070
企业家政治资本	知识类资源获取	2.838	0.004
	资产类资源获取	2.270	0.022

注:因变量为企业创新能力。

6.4.3　调节作用检验:层次回归

在 6.3 这一节中已经计算了概念模型中各个变量两两之间的简单相

关系数(见表6.19),得出解释变量、被解释变量以及调节变量之间均有着不同程度的显著相关关系,初步为本书的假设预期提供了证据。接下来将采用层次回归分析方法对企业家精神和不良竞争这两个调节变量如何影响企业家社会资本与创新能力之间的关系做更为准确的检验。

6.4.3.1　回归三大问题检验

在做层次回归模型检验前,需要对多重共线性、序列相关和异方差三大问题进行检验,只有在不存在上述三大问题的情况下,回归模型的结果才具有可靠性与稳定性(马庆国,2002)。

多重共线性检验:检验不同解释变量间是否存在严重的线性关系,常用方差膨胀因子来判断。若 $0 < VIF < 10$,则认为不存在多重共线性问题;当 $VIF \geq 10$ 时,表明多重共线性问题较为严重。经过检验本书涉及的各个回归模型的 VIF 指数小于1.5,因而判断不存在多重共线性问题。

异方差检验:异方差问题是指随着解释变量的变化,被解释变量的方差呈现出明显的变化趋势(马庆国,2002),通常用残差项散点图(以标准化预测值为 X 轴,以标准化残差为 Y 轴)来判断。若残差项散点图呈现无序状态,则表示不存在异方差问题。本书检验了各模型的残差散点图,均呈无序状,因此判断不存在异方差问题。

序列相关检验:序列相关指不同期的样本值之间存在相关系数,可用 DW 值来判断(马庆国,2002)。由于本书使用的是问卷取得的截面数据,理论上不存在序列相关的问题,并且各个模型的 DW 值都很接近2,满足"大于1.5且小于2.5"的参考标准,因此判断本书各个模型中不存在序列相关问题。

6.4.3.2　调节作用检验结果

6.4.2 这一节内容检验了企业家社会资本对企业创新能力的内部作用机制,本节将进一步分析企业家精神与不良竞争对企业家社会资本与企业创新能力关系的调节作用。表6.25给出了企业家精神和不良竞争对企业家社会资本与企业创新能力之间关系的调节作用分析结果。

　　模型 1 是基础模型,仅仅包括企业年龄、员工人数等控制变量;模型 2 在模型 1 的基础上增加了企业家商业资本、政治资本等解释变量和企业家精神、产业环境等调节变量;模型 3 在模型 2 的基础上增加了调节变量与自变量的乘积项。从表 6.25 中的回归分析结果可以看出,模型 1、模型 2 和模型 3 的 R^2 更改显著。对比模型 2 和模型 3,R^2 更改为 0.033,显著性水平 $p < 0.001$,这表明企业家精神和不良竞争对企业社会资本与企业创新能力之间的关系有显著的调节作用。

　　(1)企业家精神的调节作用。

　　企业家精神对不同维度企业家社会资本与企业创新能力的关系有不同的调节作用。模型 3 显示企业家精神与企业家商业资本的乘积项的回归系数为 0.120,在 $p < 0.01$ 的水平上显著,这表明企业家精神正向调节企业家商业资本与企业创新能力间关系,即:企业内部企业家精神氛围越浓,企业家商业资本对企业创新能力的正向影响作用会增强。因此,假设 7a 得到支持。

　　而企业家精神与企业家政治资本的乘积项的回归系数为 -0.078,在 $p < 0.05$ 的水平上显著,这表明企业家精神负向调节企业家政治资本与企业创新能力间关系,即:企业内部企业家精神氛围越浓,企业家政治资本对企业创新能力的积极影响作用会被削弱。因此假设 7b 未得到支持。

表 6.25　权变视角下企业家社会资本与企业创新能力关系的层次回归模型

变量	模型 1		模型 2		模型 3	
	β	t 值	β	t 值	β	t 值
控制变量						
(常数项)	2.808***	9.624	0.532	1.303	−0.190	−0.411
Lg(年龄)	0.042	0.656	−0.003	−0.061	0.002	0.040
员工人数	0.061+	1.842	0.009	0.289	0.012	0.405
研发投入强度	0.233***	7.303	0.058+	1.738	0.022	0.646
所有制类型	−0.184	−1.233	−0.251+	−1.905	−0.301*	−2.317

续表

变量	模型 1		模型 2		模型 3	
	β	t 值	β	t 值	β	t 值
控制变量						
企业家学历	0.193**	2.936	0.083	1.407	0.077	1.326
解释变量						
企业家商业资本			0.247**	4.094	0.388***	5.592
企业家政治资本			0.093+	1.823	0.071	1.2409
调节变量						
企业家精神			0.403***	6.789	0.424***	7.296
不良竞争			0.017	0.396	0.025	0.584
交互项						
商业资本 * 企业家精神					0.120**	3.175
政治资本 * 企业家精神					−0.078*	−2.037
商业资本 * 不良竞争					0.087**	2.616
政治资本 * 不良竞争					−0.014	−0.410
F	20.411***		27.373***		21.381***	
R^2	0.237		0.431		0.464	
调整后 R^2	0.225		0.415		0.442	
R^2 更改	0.237***		0.194***		0.033***	

注:被解释变量为企业创新能力,回归系数为非标准化路径系数。

*** 表示 $p<0.001$;** 表示 $p<0.01$;* 表示 $p<0.05$;+ 表示 $p<0.1$。

　　为了直观反映企业家精神对企业家社会资本与企业创新能力之间关系的调节效应,图 6.3 和图 6.4 分别给出了具体的调节效应图。从图 6.3 和图 6.4 中可以看出,企业家精神水平越高,企业家商业资本与企业创新能力之间回归线的斜率越大,表明较浓厚的企业家精神氛围增强了企业家商业资本对企业创新能力的促进作用;与此相反,企业家精神水平越高,企业家政治资本与企业创新能力回归线的斜率越小,表明企业内部浓厚的企业家精神氛围降低了企业家政治资本对企业创新能力的促进作用。

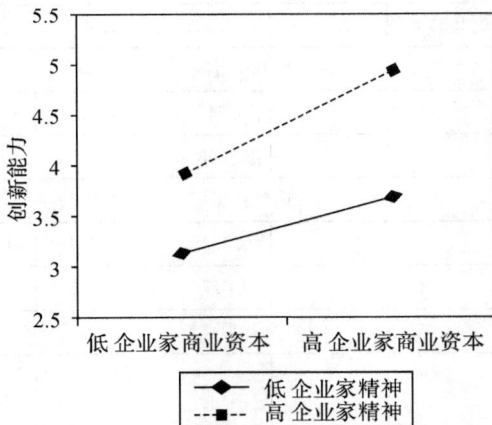

图 6.3　企业家精神对企业家商业资本与企业创新能力的调节作用

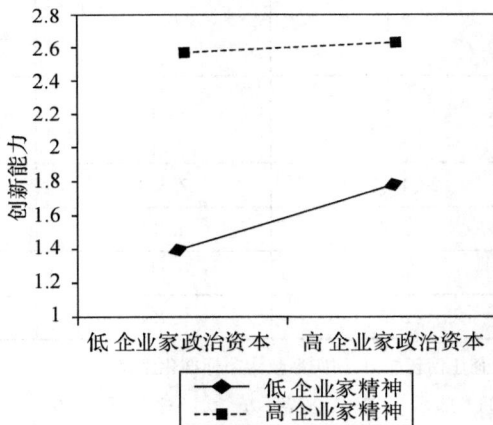

图 6.4　企业家精神对企业家政治资本与企业创新能力的调节作用

(2)不良竞争的调节作用。

不良竞争对不同维度企业家社会资本与企业创新能力的关系有不同的调节作用。不良竞争与企业家商业资本的乘积项回归系数为正向显著

$(\beta=0.087, p<0.01)$，这表明不良竞争正向调节企业家商业资本与企业创新能力间关系，即：企业外部不良竞争程度越高，企业家商业资本对企业创新能力的贡献会越大。因此，假设 8a 得到了支持。不良竞争与企业家政治资本的乘积项回归系数为 -0.014，但不显著。因而假设 8b 没有得到支持。

为了直观反映不良竞争对企业家商业资本与企业创新能力的调节效应，图 6.5 给出了上述调节效应图。从图 6.5 中可以看出，不良竞争程度越高，企业家商业资本与企业创新能力之间回归线的斜率越大，表明高水平的不良竞争提高了企业家商业资本对创新能力的促进作用。

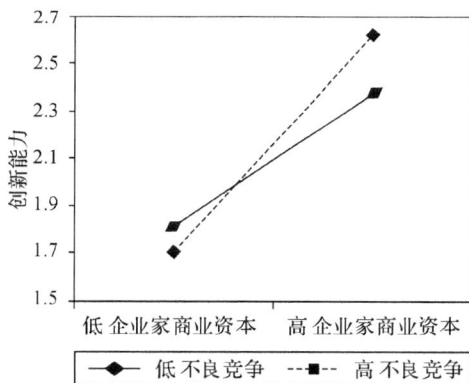

图 6.5　不良竞争对企业家商业资本与创新能力的调节作用

6.5　结论与讨论

本章基于 335 份企业样本数据对本书第 4 章提出的理论模型和假设进行了实证检验，结果表明大部分的假设都得到了支持。实证结果较好地响应了研究问题，初步实现了研究目标。假设检验与实证结果如表 6.26所示。

表 6.26 假设与实证结果一览

研究问题		假设	实证结果
	企业家社会资本与创新能力的关系		
Q1:企业家社会资本是否影响企业创新？	H1	企业家商业资本对企业创新能力有正向影响	支持
	H2a	企业家政治资本对企业创新能力有正向影响	支持
	H2b	企业家政治资本对企业创新能力的边际贡献是递减的(倒 U 型关系)	不支持
	企业家社会资本与资源获取的关系		
Q2:企业家社会资本如何影响企业创新？	H3	企业家商业资本对企业资源获取有积极影响	支持
	H3a	企业家商业资本对企业知识类资源获取有积极影响	支持
	H3b	企业家商业资本对企业资产类资源获取有积极影响	支持
	H4	企业家政治资本对企业资源获取有积极影响	支持
	H4a	企业家政治资本对企业知识类资源获取有积极影响	支持
	H4b	企业家政治资本对企业资产类资源获取有积极影响	支持
	资源获取与创新能力的关系		
	H5a	知识类资源获取对企业创新能力有积极影响	支持
	H5b	资产类资源获取对企业创新能力有积极影响	支持

续表

研究问题	假设		实证结果
Q2：企业家社会资本如何影响企业创新？	资源获取对企业家社会资本与创新能力关系的中介作用		
	H6a	知识获取对企业家商业资本与创新能力的关系起到中介作用	支持
	H6b	资产获取对企业家商业资本与创新能力的关系起到中介作用	支持
	H6c	知识获取对企业家政治资本与创新能力的关系起到中介作用	支持
	H6d	资产获取对企业家政治资本与创新能力的关系起到中介作用	支持
Q3：企业内外部环境因素如何影响企业家社会资本与企业创新能力之间的关系？	企业家精神对企业家社会资本与企业创新能力关系的调节作用		
	H7a	当企业拥有较高水平的企业家精神时，企业家商业资本对企业创新能力的正向作用会更强	支持
	H7b	当企业拥有较高水平的企业家精神时，企业家政治资本对企业创新能力的正向作用会更强	不支持
	不良竞争对企业家社会资本与创新能力关系的调节作用		
	H8a	不良竞争对企业家商业资本与创新能力间关系具有正向调节效应	支持
	H8b	不良竞争对企业家政治资本与创新能力间关系具有正向调节效应	不支持

6.5.1 企业家社会资本与企业创新能力关系

通过大样本统计分析，得出企业家社会资本总体对企业创新能力存在显著的正向影响。

　　具体而言,企业家商业资本作为企业家与供应商、用户、竞争者企业的高层管理者建立的社会网络关系,可以促进彼此间知识共享和资源共享,提高创新效率和改善新产品绩效(Shu,Page,Gao,et al.,2011;Gao,Xu,Yang,2008;Luo,Huang,Wang,2011)。因此,企业家商业资本有助于提高企业创新能力。

　　而且,不仅是企业家商业资本对企业创新能力有着显著的正向作用,企业家政治资本对企业创新能力也有着显著的正向影响,而且正向作用没有呈现出边际递减的趋势。与目前一部分学者的观点——"随着我国经济、政治体制改革的推进,企业家政治资本对企业创新能力的作用会被削弱"(Luo,Chung,2005;Zhang,Li,2008;Shu,Page,Gao,2012)不同,本书基于社会资本理论的视角,将企业家政治资本视为企业的一项重要战略性资源,认为企业家政治资本有助于企业获取稀缺资源、政策信息,并能减少创新过程中的不确定性,因此会对企业创新能力有积极的影响。另外,从我国企业的具体实践来看,企业家政治资本仍是影响企业成长的重要因素。李飞、王高、杨斌等(2009)通过对我国10家成功企业的多案例研究得出与政府保持良好的关系,有助于企业获得决策信息、优惠贷款、财政补贴等方面的优惠政策,这是我国企业快速成长不可或缺的基础和保障。此外,本书对企业家政治资本与创新能力之间的关系研究与现有研究得出了不一样的结果,还可能与样本特征有关。本书样本企业以民营企业为主(占样本企业总数的57.8%),民营企业相比于国有企业拥有较少的政治资本,企业家政治资本对企业创新能力的负面影响尚未出现。

　　综上所述,目前企业家商业资本与企业家政治资本仍是影响企业创新能力的一种重要战略工具。

6.5.2　企业家社会资本、资源获取与企业创新能力关系

(1)企业家社会资本→资源获取。

研究发现企业家社会资本对知识类资源获取和资产类资源获取均有

显著的正向影响。具体表现为,企业家构建与商业伙伴,如用户、供应商、竞争者等企业的高层管理者之间的联系能促进企业间技术、市场、管理等信息和知识的交流(Xin,Pearce,1996;Capaldo,2007),有助于企业获取外部的知识资源。与此同时,企业家商业资本能促进企业获取外部的资产类资源,比如通过与供应商构建的良好的关系,企业可以获得高质量的原材料,还有可能获得供应商的允许延迟支付货款(Boisot,Child,1996)。

企业家政治资本对知识类资源获取和资产类资源获取有显著的正向影响。一方面,在当前转型经济背景下,政府仍然一定程度上控制着一些稀缺社会资源和机会(Walder,1995;Child,Tse,2001)。企业家政治资本有助于企业更快、更准确地获取政策信息和产业规划信息,而且企业家政治资本还有助于企业通过政府部门搭建的与高校、科研院所合作的创新平台获取外部的技术知识。因此,企业家政治资本有助于企业获取知识资源。此外,企业家政治资本是企业获取政府资金支持的重要"渠道",有利于企业获取外部的资产类资源。

(2)资源获取→创新能力。

研究发现知识类资源获取和资产类资源获取对企业创新能力均有积极的影响作用。知识资源获取为企业打开了新的"生产机会",对企业创新能力有着显著正向的影响(标准化路径系数值为 0.29,在 $p<0.001$ 水平上显著)。知识资源获取提高了企业内部积累的知识资源的宽度和深度,增加了创新性组合的可能性。而且知识资源获取一定程度上可以减少企业依靠自身力量内部开发资源所需的时间和成本,提高了企业创新的效率和效果(Dyer,Singh,1998;Bierly Ⅲ,Damanpour,Santoro,2009)。

除了知识资源,原材料、资金等资产类资源是企业开展创新活动的基本物质资源保障,对企业创新能力也有显著的正向影响(标准化路径系数值为 0.16,在 $p<0.05$ 水平上显著)。

对比两类资源的获取,发现知识类资源获取相比于资产类资源获取对企业创新能力创新能力的影响更大。可见,知识类资源是影响企业创新能力的更为关键的要素。

（3）资源获取的中介作用。

本书基于资源管理的视角，通过结构方程建模，分析了资源获取对企业家社会资本与创新能力之间的中介作用。

实证研究结果表明，资源获取（知识类资源获取和资产类资源获取）对企业家政治资本与创新能力的关系起到完全中介的作用（企业家政治资本影响创新能力的总效应路径系数为 0.153，直接效应路径系数为 0）。这意味着企业家政治资本并不能直接影响企业的创新能力，而是需要通过提供创新活动所需的知识类资源和资产类资源，经过组织内化过程，间接影响企业创新能力（Lu，Zhou，Bruton，et al.，2010；Shu，Page，Gao，et al.，2011）。

与企业家政治资本不同，企业家商业资本一方面通过资源获取这一中间转换机制间接影响企业创新能力，另一方面企业家商业资本能直接影响企业创新能力（企业家商业资本影响创新能力的总效应路径系数值为 0.470，间接效应路径系数值为 0.187，直接效应路径系数值为 0.283）。这表明，企业家与商业伙伴建立的网络关系一方面能直接影响企业创新能力（Li，Poppo，Zhou，2008），另一方面将嵌入网络的资源转换成企业创新所需的资源，进而促进企业创新能力提升（Lu，Zhou，Bruton，et al.，2010；Yli-Renko，Autio，Sapienza，2001）。这一定程度上印证了 Lawson 等（2009）提出的理论观点，企业家商业资本能增加知识流动，提高企业新产品绩效。

综上所述，本书针对现有文献中缺乏深入研究"企业家社会资本以什么样的方式促进企业创新"这一问题做出了回答，肯定了企业家影响企业创新活动的核心内容是获得和促进资源流动。

6.5.3 企业家精神、不良竞争对企业家社会资本与创新能力关系的影响

本书综合分析了不良竞争作为转型经济背景下的一个重要外部环境要素（Zhang，Li，2010；Sheng，Zhou，Li，2011），会影响企业家社会资本与

创新能力的关系,以及企业家精神作为企业创新活动过程中重要的内部环境要素(Renko,Carsrud,Brännback,2009;Li,Poppo,Zhou,2008;焦豪,魏江,崔瑜,2008)对企业家社会资本与创新能力关系的影响。研究得出,企业家精神和不良竞争对企业家社会资本的不同维度与创新能力之间的关系起到调节作用,但是在各个维度上表现出差异。

在企业家精神对企业家社会资本与企业创新能力关系的调节作用方面,通过对 335 份企业样本数据进行层次回归分析,得出企业家精神正向调节了企业家商业资本与企业创新能力之间的关系。具有高水平企业家精神的企业,更倾向于充分挖掘企业家商业资本的价值。

但是,企业家精神负向调节企业家政治资本与创新能力之间的关系。可能的原因是,企业家构建的与政府部门的关系缺乏一个确保长期合作的有效机制。政府官员的目标是发展自己的政治生涯,而企业的目标是实现经济回报。这种目标的分歧会带来关系冲突。当企业内部企业家精神氛围较为浓厚时,企业通常有较为明确的创新目标,企业与政府部门的目标分歧会更大。虽然拥有良好的企业家政治资本的企业能快速、准确地获取政策信息和稀缺资源,但是企业同时会面临政府行为对企业创新行为的干预,这在一定程度上会影响企业创新资源投入,进而影响企业创新能力。

不良竞争是转型经济背景下的一个重要环境要素,代表了企业所处的竞争环境中存在机会主义、不公平竞争行为甚至是不合法行为(Li,Atuahene-Gima,2001)。因此本书选择了不良竞争作为情境因素,分析其对企业家社会资本提升企业创新能力的调节作用。

通过实证研究得出,不良竞争正向调节企业家商业资本与企业创新能力的关系,这一定程度上证实了企业家商业资本作为非正式治理机制,会以一种补充正式制度的形式来促进创新活动(Guthrie,1998;Peng,2003)。但是,实证分析结果表明不良竞争对企业家政治资本与创新能力的关系没有显著的调节作用。这可能表明以企业家与政府关系为核心的政治资本难以弥补市场不完善带来的创新无效,也说明了完善市场竞争机制是企业有效创新的关键条件。

综上所述,企业家精神和不良竞争分别对企业家社会资本的不同维度与创新能力之间的关系存在不同的调节作用。学者呼吁要从权变视角检验社会资本对组织的价值,但是现有研究大多关注外部情境要素对企业家社会资本与企业创新能力之间关系的影响,而本书探讨了内部情境要素和外部情境要素对企业家社会资本与创新能力之间关系的影响,这一定程度上丰富了对社会资本发挥作用的情境的研究。

6.6　本章小结

基于 335 份企业样本的问卷调查和统计分析,本章内容对第 4 章提出的企业家社会资本影响企业创新能力的概念模型和假设进行了实证研究。首先,对小样本数据($N=110$)做了探索性因子分析,检验了不同变量测度的效度和信度;其次,通过对大样本数据($N=335$)做了验证性因子分析,再次检验了不同变量测度的效度和信度,获得了拟合结果较好的测量模型。之后,采用层次回归分析方法,检验了企业家社会资本与企业创新能力关系模型,结果显示企业家社会资本的两个维度对企业创新能力有显著的正向作用。随后,逐步深入探究企业家社会资本影响企业创新能力的内部作用机制。本书采用了结构方程建模方法分析了资源获取在企业家社会资本与创新能力间的中介作用机制,得出:资源获取对企业家政治资本与创新能力的关系起到完全中介的作用;资源获取对企业家商业资本与创新能力的关系起到部分中介的作用。另外,还通过层次回归分析方法检验了权变视角下企业家社会资本与企业创新能力的概念模型,分析结果表明大多数研究假设均通过检验,企业家社会资本在不同情境下(不同企业家精神程度、不同不良竞争程度)对企业创新能力的影响机制基本得到证实。最后,结合实证研究发现和目前学者研究结果,讨论与总结本书的新发现,并结合理论和实践给出具体的解释。

7

研究结论与未来展望

▼

本书以企业创新能力构建与提升为关注焦点,综合运用了理论研究、探索性案例研究、大样本统计分析等一系列研究方法以及 SPSS、AMOS 等数理统计工具,把定性分析与定量分析有机结合,探讨了企业家社会资本对企业创新能力的内在作用机制,一定程度上解决了转型背景下"企业家社会资本是否仍是影响企业创新能力培育和提升的一种有效战略工具?""企业家社会资本以什么样的方式影响企业创新能力?""企业内外部情境要素如何影响企业家社会资本与企业创新能力的关系?"这三个问题。

首先,通过探索性案例研究发现,企业家社会资本对企业创新能力的提升有积极作用,并初步构建了企业家社会资本通过资源获取影响企业创新能力提升的作用框架。在此基础上,进一步通过大样本统计分析探讨企业家社会资本影响企业创新能力的内在作用机制,明确知识类资源获取和资产类资源获取在企业家社会资本与企业创新能力之间关系起到的重要中介作用。

进一步,本书基于权变视角分析了企业家精神和不良竞争这两个情境因素对企业家社会资本与企业创新能力之间关系的影响,发现企业家精神和不良竞争对不同维度的企业家社会资本与企业创新能力之间的关系有着不同的调节效应。本书研究发现对于企业家网络构建策略的选择,以及如何运用不同的网络构建策略影响我国企业创新能力的培育和提升具有重要的现实指导意义。

7.1　研究结论

本书研究得出以下结论：

（1）企业知识类资源、资产类资源及企业家社会资本等资源的集聚是企业创新能力提升的必要条件。

通过探索性案例分析方法，综合分析企业资源积累和资源获取对企业创新能力提升的影响，发现企业内部资源积累和外部资源获取之间相互补充，共同促进企业创新能力的提升。在既定的内外部资源相互补充、共同促进创新的认识下，我们发现企业家是把潜在的内外部资源互补性转变为企业现实创新能力的关键因素。企业家通过其所构建的社会资本把外部环境中的资源转换为企业可得的资源，并进一步内化为企业资源用以补充内部资源积累不足，进而影响企业创新能力提升。在企业发展的初创阶段与快速成长阶段，企业家社会资本的这种作用尤为重要。企业资源集聚是企业创新能力培育和提升的必要条件。

在企业内部创新目标明确的情况下，企业资源集聚的价值才能得到有效的发挥。以探索性案例研究中的样本企业——S公司为例，在S公司发展的第二个阶段，企业已经集聚了较为丰富的资源，但是由于创新目标不明确，资源投入分散，阻碍了企业创新能力提升。

（2）企业家社会资本不同维度均对企业创新能力有正向效应，并且部分效应通过资源获取的中介作用而发挥影响。

企业家社会资本不同维度对企业创新能力的提升有积极的影响。在探索性案例研究的基础上，对收集到的335家企业样本数据进行统计分析，得出企业家社会资本的两个维度均对创新能力有着显著的正向促进作用。

企业家商业资本作为企业家与供应商、用户、竞争者等企业的高层管理者建立的社会网络关系,有助于企业获取外部的资源和能力,促进企业创新能力的培育(Shu,Page,Gao,2012;Gao,Xu,Yang,2008;Luo,Huang,Wang,2011)。

而且,企业家政治资本对企业创新能力提升也有显著的正向影响。对比现有的研究,有些学者提出随着我国经济、政治体制改革的推进,企业家政治资本对企业创新能力的积极作用会被削弱(Luo,Chung,2005;Zhang,Li,2008;Shu,Page,Gao,2012)。但是本书通过研究得出,在当前转型背景下企业家政治资本对企业创新能力的显著正向作用没有呈现出边际效益递减的趋势。这意味着,企业家与政府部门维持的良好关系,仍有助于企业快速、准确地获取有关政策变化的信息,来引导企业创新的方向(Luk,Yau,Sin,et al.,2008),而且仍能为企业获取外部技术知识和资金支持提供机会与可能性(Paine,2001;Warner,1995)。结合企业实践的具体情况,企业家政治资本是影响企业成长的重要因素。李飞、王高、杨斌等(2009)通过对我国10家成功企业的多案例研究得出与政府保持良好的关系,有助于企业获得决策信息、优惠贷款、财政补贴等方面的优惠政策,这是我国企业快速成长不可或缺的基础和保障。

综上所述,目前企业家商业资本与企业家政治资本仍对企业创新能力的提升有积极影响。

但是企业家社会资本对企业创新能力提升的积极影响,部分效应是通过资源获取的中介作用而发挥的。通过大样本统计分析,发现资源获取对企业家政治资本与创新能力间关系起到完全中介的作用,而对商业资本与创新能力间关系起到部分中介作用,即:企业家商业资本不仅能够直接提升创新能力,而且能通过获取外部知识类资源与资产类资源的方式间接提升企业创新能力;而政治资本则必须通过资源获取才能有效提升企业创新能力。

(3)分析了企业内部环境与外部环境要素分别对企业家社会资本与创新能力间关系的调节作用,发现内、外环境要素在企业家社会资本提升创新能力的过程中发挥着显著不同的效应。

　　针对现有研究在解释企业家社会资本与创新能力间关系时,较少关注组织内部情境要素的影响这一不足,我们从战略导向的视角将企业家精神作为内部情境要素引入研究模型,探讨企业家精神对企业家社会资本与创新能力间关系的影响。企业家精神作为"导致新进入行为(new entry)的进程、惯例和决策活动",代表了企业创新导向,这一定程度上会影响企业家社会资本的价值潜力的挖掘和利用。通过大样本数据分析,发现企业家精神对于企业家商业资本与政治资本分别与创新能力间关系具有相反的调节作用。当企业家精神水平较高时,企业家商业资本对创新能力的促进作用会得到增强,而企业家政治资本对创新能力的促进作用会被削弱。可能的原因是,企业家精神水平较高的企业自身会有较明确的创新倾向,并将大量资源投入创新活动。虽然拥有良好的企业家政治资本的企业能快速、准确地获取政策信息和稀缺资源,但是企业同时会面临政府行为对企业创新行为的干预(在调研过程中曾有企业家提到政府官员会鼓励企业扩大产能、规模,讲求"短平快"的发展模式),这一定程度上会影响企业创新资源投入,进而影响企业创新能力。

　　考虑转型经济特征之一是企业面临的制度及环境的不确定性,本书具体选择不良竞争,分析其对企业家社会资本与创新能力间关系的影响。研究发现:不良竞争对企业家商业资本与创新能力提升间关系具有正向调节作用,而对政治资本与创新能力间关系没有显著影响。这表明,市场制度不完善所致的产业不良竞争程度较高时,企业家商业资本作为一种非正式治理方式,会发挥其合法性效应,抑制机会主义行为,降低创新风险,进而促进企业创新热情与能力提升(Guthrie,1998;Peng,2003)。这一定程度上证实了企业家商业资本作为非正式治理机制,会以一种补充正式制度的形式来促进创新活动(Guthrie,1998;Peng,2003)。但是,不良竞争对企业家政治资本与创新能力的关系没有影响。而以企业家与政府关系为核心的政治资本难以弥补市场不完善带来的创新无效,也说明了完善市场竞争机制是企业有效创新的关键条件。

7.2 讨 论

7.2.1 理论贡献

本研究有如下理论贡献。

(1)整合了社会资本理论和资源基础理论,将企业家社会资本视为企业构建创新能力的重要微观来源,这一定程度上拓展了现有基于资源基础理论对企业能力构建的研究。

基于资源基础理论对企业能力构建的研究,大多关注企业内部的战略性资源的作用。但是在经济全球化和开放式创新的背景下,企业的边界变得越来越模糊。企业能力构建过程中所需的资源投入不再局限于企业内部拥有的战略性资源,而是拓展到企业可得的资源。Barney 和 Mackey (2005)指出资源基础理论的进一步发展需要学者们不再仅仅分析企业内部资源变量与能力之间的关系,而是将资源基础理论的研究推进到资源存在的任何范围。此外,尽管现有基于资源基础理论的研究肯定了组织能力对企业成长的重要性,但是对能力的来源的研究仍然不足(Kraatz,Zajac,2001),对能力构建的前因的实证研究则更少了(Kemper,Schilke,Brettel,2013)。

我们认同 Gavetti(2005)提出的观点——由于对"企业能力如何从个体行为和互动中产生"这一问题认识仍不清晰,因而对企业能力的研究需要关注微观基础要素(Abell,Felin,Foss,2008),重点讨论了社会资本作为企业创新能力微观来源的作用。考虑到企业家在企业能力积累和提升过程中的关键作用(Paladino,2007),我们重点关注微观层面的企业家社会资本对企业层面的创新能力构建和提升的影响,通过探索性案例研究和大样本统计分析,发现企业家与企业外部的组织/机构的高层管理者建立的网络关系为企业创新能力的培育和发展提供了重要的知识类资源和资产类资源。因此,企业家社会资本是企业构建创新能力的重要微观来源,这一定程度上拓展了现有基于资源基础理论对企业能力微观来源的研究。

(2)识别了"资源获取"在企业家社会资本与创新能力间的中间转换作用,揭开了社会资本影响企业创新能力提升的黑箱,丰富了基于社会资本理论对企业能力构建的研究。

现有研究大多从理论上肯定了企业家社会资本对创新能力的积极影响,但是较少有实证材料支撑,而对"企业家社会资本以什么样的方式影响企业创新能力"这一问题的探讨则更少了(Moran,2005;Zhang,Zhang,2006)。

在 Adler 和 Kwon(2002)以及 Nahapiet 和 Ghoshal(1998)对社会资本与组织能力之间关系的研究基础上,我们进一步探讨了企业家社会资本影响企业创新能力提升的内在作用机制。社会资本理论认为,企业家基于外部利益相关者所建构的关系扮演的是"渠道"(conduit)角色。但这种渠道仅仅提供企业获取外部资源的可能性与机会,而如何将可能性转化为现实的创新能力却仍不明确。本书基于资源管理的视角,引入了"资源获取"这一变量,探讨了企业家社会资本提升企业创新能力的内在机制,即企业家社会资本必须转化为现实的企业知识与资产才能有效提升企业创新能力。

(3)洞察了企业家社会资本提升创新能力过程中企业内部环境因素的作用,增进了对企业家社会资本促进创新的企业内部条件的理解。

针对现有研究在解释企业家社会资本与创新能力之间关系时,较少关注组织内部情境要素的影响这一不足,我们从战略导向的视角将企业家精神作为内部情境要素引入研究模型,探讨企业家精神对企业家社会资本与创新能力间关系的影响。企业家精神是企业的一种战略导向,该导向以创新、冒险和前瞻性为特点(Covin,Slevin,1991),会对企业家社会资本的价值潜力的挖掘和利用产生影响。我们发现企业家精神对于企业家商业资本与政治资本分别与创新能力间关系具有相反的调节作用,表明:利用不同维度企业家社会资本时,要同时关注企业内部情境因素的状态。这一研究结论一定程度上深化了对企业家社会资本作用情境的理解。

(4)探索了企业外部环境因素对企业家社会资本提升创新能力的影响,具体检验不良竞争对两者关系的影响,这对研究转型经济背景下企业成长问题做出了些许贡献。

我们发现在不良竞争条件下,以企业外部利益相关者关系为核心的企业家商业资本在提升创新能力过程中发挥了更重要的作用。有趣的是,其对政治资本与创新能力间关系没有显著影响,这可能表明以企业家与政府关系为核心的政治资本难以弥补市场不完善带来的创新无效,也说明了完善市场竞争机制是企业有效创新的关键条件。这一研究发现表明,转型经济中存在的制度不确定性迫使企业寻求其他方式来降低创新风险和展开机会主义行为,而企业家社会资本的建构在一定程度上为企业有效创新提供了制度不完善条件下的非正式治理手段。这一发现在一定程度上给出了转型经济背景下如何激励企业实现创新驱动型发展模式的理论指引。

7.2.2 实践意义

研究结果对转型背景下企业创新能力的构建与提升具有一定的现实意义,体现如下。

(1)对于企业家的经营实践而言,企业家需要构建丰富的社会网络,并从网络中获取稀缺的资源和信息用于促进企业开展创新活动。具体而言,企业家要保持开放的心态,积极与外部的供应商、用户、竞争者等企业的高层管理者、各类行业技术专家以及相关政府部门人员保持良好的关系,这有助于企业家了解和掌握特定领域的技术信息、市场信息等知识资源,而且还能拓宽企业的融资渠道。这些知识、资产将为企业层面创新能力的构建与提升提供丰富的资源支撑。但是需要注意的是,通过企业家外部社会网络获取的资源,需要通过资源管理过程内化为企业的资产才能有效地促进企业创新。

(2)企业家需充分考虑企业内外部环境特征,选择不同的网络构建策略。当企业内部企业家精神水平较高时,企业家与外部利益相关者构建的商业资本能对企业创新能力提升发挥更重要的促进作用。但是在企业家精神水平较高时,企业家政治资本对企业创新能力的积极作用会被削弱。这意味着,当企业自身创新导向较明确时,会更多基于市场需求来开发产品,实施创新活动,而不仅仅是看国家鼓励什么、企业投入什么。与商业资本的作用相反,当企业家精神水平较高时,企业家构建的与政府部门间的关系对企业创新能力提升的促进作用会受到限制。此外,企业家社会资本的价值与当前转型经济背景下所存在的制度环境不确定性紧密相关,如不良竞争程度。当不良竞争程度较高时,企业家可以通过与外部商业伙伴建立紧密的关系("抱团取暖")更准确、更快速地获取知识和资产,这一过程本身具有内隐性,不容易被模仿,因此对企业创新有积极的影响。由于企业家社会资本的构建与维系均需投入大量的资源,而企业家社会资本的价值实现会受到企业内外部环境因素的影响。因此,企业家在构建外部网络关系时,需要充分考虑内外部环境因素,做出较为正确的网络构建决策。

(3)对政府部门而言,应该通过为企业创新活动提供信息、知识、资金等资源支持,间接影响企业创新活动。政府部门要营造鼓励企业创新的氛围,相关的政策措施不仅要包括目前的税收减免、资金支持等层面,还需要重视并强化产、学、研之间的良好互动机制。政府部门可以引导企业家、科研机构与大学等参与主体之间的交流与沟通,培育三者之间的互动网络来促进企业与外部组织之间的知识、资产等资源的交流与交换。这将更有助于当前转型经济背景下企业创新能力的构建。

7.3 研究局限性和未来研究方向

毋庸讳言,本书的研究仍然存在一定的局限性,这也将成为未来研究的方向。

本书虽然系统地分析了企业家社会资本影响企业创新能力提升的过程。但是企业家社会资本并不是一个静态的构念,会随着企业家社会网络边界的拓展而不断拓宽、拓深。本书虽然在探索性案例研究中,部分阐述了企业家社会资本动态变化的特征,但对在企业成长过程中,企业家社会资本如何形成、演进,并转换为企业社会资本,进而影响企业创新活动的整个过程的分析仍然不足。这一点在未来的研究中还有许多需要深入探讨的空间。

在理论框架方面,本书更多关注的是企业家社会资本通过提供资源支持给企业成长带来的正面影响。但是,社会资本带给企业的负面影响也不容忽视。目前有学者研究指出,社会资本是一把双刃剑,对企业成长存在正面影响和负面影响。而对社会资本负面影响的研究集中探讨了社会资本带来的创新思想束缚、决策自由限制和过量资源投入等方面的问题(Adler,Kwon,2002;李永强,白璇,赵冬阳,等,2010;白璇,李永强,赵冬阳,2012)。因此,未来研究中可以综合地考虑企业家社会资本的两面性,来更全面地认识转型经济背景下企业家社会资本对企业创新的作用。

变量测量方面,采用利克特七点量表由问卷填写人主观打分的方法不可避免地存在测量偏差和缺陷。尽管在具体研究过程中,结合现有成熟量表、实地访谈相关企业、咨询专家意见等步骤设计了调查问卷,并检验了变量测量的信度与效度,以尽可能保证变量测量的有效性和可靠性。但是主观打分的方法仍可能影响收集到的数据的可靠性和准确性。在未来的研究中,在数据收集条件允许的情况下,应该用更加客观的方法来测量企业家社会资本(如提名法)、企业创新能力等变量,这样做出的研究会更精细,研究的结论也会更具有可靠性与可重复性。

除了上述内容,本书的研究内容还存在一些不足之处,比如在数据收集过程中,尽管花费了大量时间与精力进行问卷发放与回收,获得的有效问卷的数量也基本满足了样本量的要求,但受问卷发放对象的局限,样本数据主要是民营企业,国有企业数量较少,因而难以进一步细分观察不同类别的样本企业之间企业家社会资本对企业创新能力影响的差异。这些都可能成为未来研究的议题。

参考文献

艾米顿,1998.知识经济的创新战略:智慧的觉醒[M].金周英,等译.北京:
　　新华出版社.

安同良,施浩,2006.中国制造业企业 R&D 行为模式的观测与实证:基于
　　江苏省制造业企业问卷调查的实证分析[J].经济研究,41(2):21-30.

白璇,李永强,赵冬阳,2012.企业家社会资本的两面性:一项整合研究[J].
　　科研管理,33(3):27-35.

彼得·德鲁克,2007.创新与企业家精神[M].蔡文燕,译.北京:机械工业
　　出版社.

边燕杰,2006.社会资本研究[J].学习与探索(2):39-40.

边燕杰,丘海雄,2000.企业的社会资本及其功效[J].中国社会科学,2(2):
　　87-99.

边燕杰,张文宏,2001.经济体制、社会网络与职业流动[J].中国社会科学,
　　2(10):77-89.

陈传明,孙俊华,2008.企业家人口背景特征与多元化战略选择:基于中国
　　上市公司面板数据的实证研究[J].管理世界(5):124-133.

陈劲,1994.从技术引进到自主创新的学习模式[D].杭州:浙江大学.

陈劲,2014.国家创新蓝皮书:中国创新发展报告(2014)[M].北京:社会科
　　学文献出版社.

陈劲,陈钰芬,2007.开放创新条件下的资源投入测度及政策含义[J].科学

学研究,25(2):352-359.

陈劲,蒋子军,陈钰芬,2011.开放式创新视角下企业知识吸收能力影响因素研究[J].浙江大学学报(人文社会科学版),41(5):71-82.

陈劲,郑刚,许庆瑞,2008.21世纪的全面创新管理和开放式创新:第5届技术管理与技术创新国际研讨会综述[J].国际学术动态(1):7-9.

陈爽英,井润田,龙小宁,等,2010.民营企业家社会关系资本对研发投资决策影响的实证研究[J].管理世界(1):88-97.

陈爽英,井润田,邵云飞,2012.开放式创新条件下企业创新资源获取机制的拓展:基于Teece理论框架的改进[J].管理学报,9(4):542-547.

陈晓萍,徐淑英,樊景立,2008.组织与管理研究的实证方法[M].北京:北京大学出版社.

高展军,江旭,2011.企业家导向对企业间知识获取的影响研究:基于企业间社会资本的调节效应分析[J].科学学研究,29(2):257-267.

耿新,张体勤,2010.企业家社会资本对组织动态能力的影响:以组织宽裕为调节变量[J].管理世界(6):109-121.

郭海,2010.管理者关系对企业资源获取的影响:一种结构性观点[J].中国人民大学学报(3):134-143.

国家统计局社会和科技统计司,2008.2007年全国工业企业创新调查统计资料[M].北京:中国统计出版社.

国家知识产权局规划发展司,2013.2012年中国有效专利年度报告[R].北京:国家知识产权局.

何晓斌,蒋君洁,杨治,等,2013.新创企业家应做"外交家"吗?——新创企业家的社交活动对企业绩效的影响[J].管理世界,6:128-137.

何涌,1994.企业家理论及其对发展中经济的适用性[J].经济研究,7:54-59.

贺小刚,潘永永,连燕玲,2007.核心能力理论的拓展:企业家能力与竞争绩效的关系研究[J].科研管理,28(4):141-148.

贺小刚,李新春,2005.企业家能力与企业成长:基于中国经验的实证研究[J].经济研究,10:101-111.

贺远琼,田志龙,陈昀,2008.环境不确定性、企业高层管理者社会资本与企业绩效关系的实证研究[J].管理学报,5(3):423-429.

侯杰,陆强,石涌江,等,2011.基于组织生态学的企业成长演化:有关变异和生存因素的案例研究[J].管理世界(12):116-130.

侯杰泰,温忠麟,成子娟,2004.结构方程模型及其应用[M].北京:经济科学出版社.

贾生华,疏礼兵,邬爱其,2006.民营企业技术创新能力的影响因素及其差异分析:以浙江省为例[J].管理学报,3(1):103-108.

江诗松,龚丽敏,魏江,2011a.转型经济背景下后发企业的能力追赶:一个共演模型——以吉利集团为例[J].管理世界(4):122-137.

江诗松,龚丽敏,魏江,2011b.转型经济中后发企业的创新能力追赶路径:国有企业和民营企业的双城故事[J].管理世界(12):96-115.

焦豪,魏江,崔瑜,2008.企业动态能力构建路径分析:基于创业导向和组织学习的视角[J].管理世界(4):91-106.

孔伟杰,2012.制造业企业转型升级影响因素研究:基于浙江省制造业企业大样本问卷调查的实证研究[J].管理世界(9):120-131.

李飞,王高,杨斌,等,2009.高速成长的营销神话:基于中国10家成功企业的多案例研究[J].管理世界(2):138-151.

李怀祖,2004.管理研究方法论[M].西安:西安交通大学出版社.

李金明,2001.企业创新能力的分析模型[J].东华大学学报(自然科学版),27(2):27-30.

李路路,1995.社会资本与私营企业家:中国社会结构转型的特殊动力[J].社会学研究,6:46-58.

李淑芬,2011.企业家社会资本对集群企业竞争优势的影响研究[D].长春:吉林大学.

李永强,白璇,赵冬阳,等,2010.企业家社会资本对企业创新绩效的负面影响研究[C].第五届中国管理学年会论文集.

刘洋,魏江,江诗松,2013.后发企业如何进行创新追赶?——研发网络边界拓展的视角[J].管理世界(3):96-110.

路风,2006.走向自主创新:寻求中国力量的源泉[M].桂林:广西大学出版社.

罗志恒,葛宝山,董保宝,2009.网络、资源获取和中小企业绩效关系研究:基于中国实践[J].软科学,23(8):130-134.

吕淑丽,陈荣耀,刘海峰,2009.企业技术创新的综合研究模型:企业家、社会资本和知识[J].科技进步与对策,26(7):87-90.

吕一博,苏敬勤,2009.基于创新过程的中小企业创新能力评价研究[J].管理学报,6(3):331-337.

马庆国,2002.管理统计:数据获取、统计原理、SPSS工具与应用研究[M].北京:科学出版社.

马庆国,2008.管理科学研究方法[M].北京:高等教育出版社.

马如飞,2009.跨界搜索对企业创新绩效的影响机制研究[D].杭州:浙江大学.

马文彬,2009.企业成长中的企业家社会资本研究[J].企业活力(11):47-50.

潘绵臻,毛基业,2009.再探案例研究的规范性问题:中国企业管理案例论坛(2008)综述与范文分析[J].管理世界(2):92-100.

彭纪生,孙文祥,仲为国,2008.中国技术创新政策演变与绩效实证研究(1978—2006)[J].科研管理,29(4):134-150.

彭新敏,2009.权变视角下的网络联结与组织绩效关系研究[J].科研管理,30(3):47-55.

石秀印,1998.中国企业家成功的社会网络基础[J].管理世界(6):187-196.

苏晓艳,2013.社会资本、国际市场知识与新创企业国际化绩效[J].国际商务:对外经济贸易大学学报(3):90-100.

孙韶华,2012.2011年我国外贸依存度回落至50.1%[N/OL].(2012-02-16)[2017-03-24].http://jjckb.xinhuanet.com/2012-02/16/content_358317.htm.

孙永风,李垣,廖貅武,2007.基于不同战略导向的创新选择与控制方式研究[J].管理工程学报,21(4):24-30.

魏江,许庆瑞,1995.企业创新能力的概念、结构、度量与评价[J].科学管理研究,13(5):50-55.

巫景飞,何大军,林炜,等,2008.高层管理者政治网络与企业多元化战略:社会资本视角——基于我国上市公司面板数据的实证分析[J].管理世界(8):107-118.

吴明隆,2003.统计应用实务:问卷分析与应用统计[M].北京:科学出版社.

项保华,叶庆祥,2005.企业竞争优势理论的演变和构建[J].外国经济与管理,3:22-23.

谢言,高山行,江旭,2010.外部社会联系能否提升企业自主创新?:一项基于知识创造中介效应的实证研究[J].科学学研究,28(5):777-784.

徐大可,陈劲,2006.后来企业自主创新能力的内涵和影响因素分析[J].经济社会体制比较(2):17-22.

许冠南,2008.关系嵌入性对技术创新绩效的影响研究:基于探索型学习的中介机制[D].杭州:浙江大学.

杨俊,张玉利,2004.基于企业家资源禀赋的创业行为过程分析[J].外国经济与管理,26(2):2-6.

杨鹏鹏,万迪昉,王廷丽,2005.企业家社会资本及其与企业绩效的关系:研究综述与理论分析框架[J].当代经济科学,27(4):85-91.

杨艳,朱恒源,吴贵生,2007.我国企业创新能力的解构与演进[J].经济管理(9):30-35.

余明桂,潘红波,2008.政治关系、制度环境与民营企业银行贷款[J].管理世界(8):9-21.

曾一军,2007.新创企业的社会网络嵌入研究[J].科技进步与对策,24(12):91-95.

张春霖,曾智华,马科,等,2009.中国:促进以企业为主体的创新[M].北京:中信出版社.

张方华,2006.资源获取与技术创新绩效关系的实证研究[J].科学学研究,24(4):635-640.

张建君,张志学,2005.中国民营企业家的政治战略[J].管理世界(7):94-105.

张军,2009.浙江省中小企业创新现状、问题及原因分析[J].管理工程学报,23(增刊1):7-11.

张文宏,2004.社会资本:理论争辩与经验研究[J].社会学研究(4):23-35.

张小蒂,李晓钟,2008.转型时期中国民营企业家人力资本特殊性及成长特征分析[J].中国工业经济(5):129-138.

张玉利,2004.创业与企业家精神:管理者的思维模式和行为准则[J].南开学报(1):12-13.

张玉利,李乾文,李剑力,2006.创业管理研究新观点综述[J].外国经济与管理,28(5):1-7.

张玉利,杨俊,任兵,2008.社会资本、先前经验与创业机会:一个交互效应模型及其启示[J].管理世界(7):91-102.

赵建英,梁嘉骅,2006.影响企业创新力的内部生态因子分析[J].中国软科学(11):146-150.

郑伯埙,黄敏萍,2013.实地研究中的案例研究[M]//陈晓萍,徐淑英,樊景立.组织与管理研究的实证方法.2版.北京:北京大学出版社:241-244.

郑刚,何郁冰,陈劲,等,2008."中国制造"如何通过开放式自主创新提升国际竞争力:中集集团自主创新模式的案例研究[J].科研管理,29(4):95-102.

郑素丽,2008.组织间资源对企业创新绩效的作用机制研究[D].杭州:浙江大学.

中国企业家调查系统,2013.经济转型与创新:认识、问题与对策——2013(中国企业家成长与发展专题调查报告[J].管理世界(9):9-20.

中国企业家调查系统,2015.新常态下的企业创新:现状、问题与对策——2015·中国企业家成长与发展专题调查报告[J].管理世界(6):22-33.

中华人民共和国国家统计局,2013.中国统计年鉴:2013[M].北京:中国统计出版社.

周立新,李烨,2002.我国企业家市场失灵的理论分析及政策建议[J].经济体制改革(4):68-70.

周小虎,2002.企业家社会资本及其对企业绩效的作用[J].安徽师范大学学报(人文社会科学版),1(1):1-6.

朱秀梅,陈琛,纪玉山,2010.基于创业导向、网络化能力和知识资源视角的新创企业竞争优势问题探讨[J].外国经济与管理(5):9-16.

朱秀梅,李明芳,2011.创业网络特征对资源获取的动态影响:基于中国转型经济的证据[J].管理世界(6):105-116.

ABELL P,FELIN T,FOSS N,2008. Building micro-foundations for the routines, capabilities, and performance links [J]. Managerial and Decision Economics,29(6):489-502.

ABRAMOVITZ M,1956. Resource and output trends in the United States since 1870 [M]. New York:National Bureau of Economic Research:1-23.

ACQUAAH M,2005. Enterprise ownership, market competition and manufacturing priorities in a sub-Saharan African emerging economy:

evidence from Ghana[J]. Journal of Management & Governance, 9 (3-4):205-235.

ACQUAAH M, 2007. Managerial social capital, strategic orientation, and organizational performance in an emerging economy [J]. Strategic Management Journal, 28(12):1235-1255.

ACS Z J, AUDRETSCH D B, 1987. Innovation, market structure, and firmsize[J]. The Review of Economics and Statistics, 69(4):567-574.

ADAMS R, BESSANT J, PHELPS R, 2006. Innovation management measurement: a review. International Journal of Management Reviews, 8 (1):21-47.

ADLER P S, KWON S, 2000. Social capital: the good, the bad, and the ugly[J]. Knowledge and Social Capital: Foundations and Applications: 89-115.

ADLER P S, KWON S W, 2002. Social capital: prospects for a new concept[J]. Academy of Management Review, 27(1):17-40.

AGHION P A, HOWITT P A, PEÑALOSA C G, 1998. Endogenous growth theory[M]. Cambridge, MA: MIT press.

AHUJA G, 2000. Collaboration networks, structural holes, and innovation: a longitudinal study[J]. Administrative Science Quarterly, 45(3):425-455.

AHUJA G, KATILA R, 2004. Where do resources come from?: the role of idiosyncratic situations[J]. Strategic Management Journal, 25 (8-9):887-907.

ALAM S S, JANI M F M, OMAR N A, 2011. An empirical study of success factors of women entrepreneurs in southern region in Malaysia [J]. International Journal of Economics and Finance, 3(2):166-175.

ALDRICH H, ROSEN B, WOODWARD W, 1987. The impact of social networks on business foundings and profit: a longitudinal study[J].

Frontiers ofEntrepreneurship Research,7:154-168.

AMIT R,SCHOEMAKER P J,1993. Strategic assets and organizational rent[J]. Strategic Management Journal,14(1):33-46.

AMSDEN A,1989. Asia's next giant:South Korea and late industrialization [M]. London:Oxford University Press.

ANDREWS F M,1984. Construct validity and error components of survey measures:a structural modeling approach[J]. Public Opinion Quarterly, 48(2):409-442.

ATUAHENE-GIMA K,MURRAY J Y,2007. Exploratory and exploitative learning in new product development:a social capital perspective on new technology ventures in China[J]. Journal of International Marketing,15 (2):1-29.

AUGIER M,TEECE D J,2008. Strategy as evolution with design:the foundations of dynamic capabilities and the role of managers in the economic system[J]. Organization Studies,29(8-9):1187-1208.

BABBIE E R,1973. Survey Research Mothods[M]. Belmont CA:Wadsworth.

BAKERWE,1990. Market networks and corporate behavior[J]. American Journal of Sociology,96(3):589-625.

BALACHANDRA R,BROCKHOFF K,1995. Are R&D project termination factors universal? [J]. Research-Technology Management,38(4):31-36.

BANTEL K A,JACKSON S E,1989. Top management and innovations in banking:does the composition of the top team make a difference? [J]. Strategic Management Journal,10(S1):107-124.

BARD J F,BALACHANDRA R,KAUFMANN P E,1988. An interactive approach to R&D project selection and termination[J]. Engineering Management,35(3):139-146.

BARNARD C I,1968. The functions of the executive[M]. Cambridge:

Harvard University Press.

BARNEY J B, 1986. Strategic factor markets: expectations, luck, and business strategy[J]. Management Science, 32(10): 1231-1241.

BARNEY J B, 1991. Firm resources and sustained competitive advantage [J]. Journal of Management, 17(1): 99-120.

BARNEY J B, ARIKAN A M, 2001. The resource-based view: origins and implications[J]. The Blackwell Handbook of Strategic Management: 124-188.

BARNEY J B, KETCHEN D J, WRIGHT M, 2011. The future of resource-based theory revitalization or decline? [J]. Journal of Management, 37 (5): 1299-1315.

BARNEY J B, MACKEY T B, 2005. Testing resource-based theory[J]. Research Methodology in Strategy and Management, 2: 1-13.

BARRON F, HARRINGTON D M, 1981. Creativity, intelligence, and personality[J]. Annual Review of Psychology, 32(1): 439-476.

BATJARGAL B, LIU M, 2004. Entrepreneurs' access to private equity in China: the role of social capital[J]. Organization Science, 15 (2): 159-172.

BIERLY Ⅲ P E, DAMANPOUR F, SANTORO M D, 2009. The application of external knowledge: organizational conditions for exploration and exploitation[J]. Journal of Management Studies, 46(3): 481-509.

BLYLER M, COFF R W, 2003. Dynamic capabilities, social capital, and rent appropriation: ties that split pies [J]. Strategic Management Journal, 24(7): 677-686.

BOCCARDELLI P, MAGNUSSON M G, 2006. Dynamic capabilities in early-phase entrepreneurship[J]. Knowledge and Process Management, 13 (3): 162-174.

BOISOT M,CHILD J,1988. The iron law of fiefs:bureaucratic failure and the problem of governance in the Chinese economic reforms[J]. Administrative Science Quarterly:507-527.

BOISOT M,CHILD J,1996. From fiefs to clans and network capitalism: explaining China's emerging economic order[J]. Administrative Science Quarterly:600-628.

BOURDIEU P. 1980. Le capital social:notes provisoires[J]. Actes de la recherche en sciences sociales,31(1):2-3.

BOURDIEU P. 1986. The forms of capital[M]//Richardson. Handbook of theory and research for the sociology of education, New York: Greenwood:241-258.

BOURDIEU P, 1990. In other words:essays toward a reflexive sociology. Stanford:Stanford University Press.

BOURDIEU P, WACQUANT L J D, 1992. An Invitation to Reflexive Sociology[M]. Chicago:University of Chicago Press.

BROWN S L,EISENHARDT K M,1995. Product development:past research, present findings,and future directions[J]. Academy of Management Review,20(2):343-378.

BRÜDERL J, PREISENDÖRFER P, 1998. Network support and the success of newly founded business[J]. Small Business Economics,10 (3):213-225.

BRUSH C G,GREENE P G, HART M M,2001. From initial idea to unique advantage:the entrepreneurial challenge of constructing a resource base[J]. The Academy of Management Executive,15(1): 64-78.

BURGELMAN R A,MAIDIQUE M A,1988. Strategic Management of Technology and Innovation[M]. Homewood,Illinois:Irwin.

BURGELMAN R A,MAIDIQUE M A,WHEELWRIGHT S C,1996. Designing and managing systems for corporate innovation[J]. Strategic Management of Technology and Innovation. Boston, MA: Irwin: 493-507.

BURT R S,1992. The social structure of competition[M]//NOHRIA N, ECCLES R. Networks and organizations: structure, form, and action. Boston: Harvard Business School Press: 57-91.

BURT R S,1997. A note on social capital and network content[J]. Social networks,19(4):355-373.

CANNELLA A A,PETTIGREW A,2001. Upper echelons: Donald Hambrick on executives and strategy[J]. The Academy of Management Executive,15 (3):36-42.

CAO Q,SIMSEK Z,JANSEN J J,2012. CEO social capital and entrepreneurial orientation of the firm bonding and bridging effects[J]. Journal of Management,41(7):1957-1981.

CAPALDO A,2007. Network structure and innovation: The leveraging of a dual network as a distinctive relational capability[J]. Strategic Management Journal,28(6):585-608.

CAPON N,HULBERT J M,FARLEY J U,et al. ,1988. Corporate diversity and economic performance: the impact of market specialization[J]. Strategic Management Journal,9(1):61-74.

CHEN M H,WANG M C,2008. Social networks and a new venture's innovative capability: the role of trust within entrepreneurial teams [J]. R&D Management,38(3):253-264.

CHESBROUGH H W, 2003. Open innovation: the new imperative for creating and profiting from technology[M]. Boston: Harvard Business Press.

CHESBROUGH H,CROWTHER A K,2006. Beyond high tech: early adopters of open innovation in other industries[J]. R&D Management,36 (3):229-236.

CHIESA V,COUGHLAN P,VOSS C A,1996. Development of a technical innovation audit[J]. Journal of Product Innovation Management,13 (2):105-136.

CHILD J,TSE D K,2001. China's transition and its implications for international business[J]. Journal of International Business Studies, 32(1):5-21.

CHURCHILL G A,Jr,1979. A paradigm for developing better measures of marketing constructs[J]. Journal of Marketing Research:64-73.

COHEN J,COHEN P,WEST S G,et al. 2013. Applied multiple regression/ correlation analysis for the behavioral sciences[M]. London:Routledge.

COHEN W M,LEVINTHAL D A,1990. Absorptive capacity:a new perspective on learning and innovation[J]. Administrative Science Quarterly:128-152.

COLEMAN J S. 1988. Social capital in the creation of human capital[J]. American Journal of Sociology,94:95-120.

COLEMAN J S. 1990. Foundations of social theory[M]. Cambridge: Harvard University Press.

COLLINS C J,CLARK K D,2003. Strategic human resource practices, top management team social networks,and firm performance:the role of human resource practices in creating organizational competitive advantage[J]. Academy of Management Journal,46(6):740-751.

COVIN J G,SLEVIN D P,1989. Strategic management of small firms in hostile and benign environments[J]. Strategic Management Journal, 10(1):75-87.

COVIN J G,SLEVIN D P,1991. A conceptual model of entrepreneurship as firm behavior[J]. Entrepreneurship Theory and Practice, 16(1): 7-26.

CRESWELL J W, 2005. Educational research: planning, conducting, and evaluating quantitative and qualitative research[M]. New Jersey: Pearson Education, Incorporation.

CROMIE S, 2000. Assessing entrepreneurial inclinations: some approaches and empirical evidence. European Journal of Work and Organizational Psychology, 9(1): 7-30.

CROSSAN M M, APAYDIN M, 2010. A multi-dimensional framework of organizational innovation: a systematic review of the literature[J]. Journal of Management Studies, 47(6): 1154-1191.

CROSSAN M M, LANE H W, WHITE R E, 1999. An organizational learning framework: from intuition to institution[J]. Academy of Management Review, 24(3): 522-537.

CROSSLAND C, HAMBRICK D C, 2007. How national systems differ in their constraints on corporate executives: a study of CEO effects in three countries[J]. Strategic Management Journal, 28(8): 767-789.

CYCLES B, 1939. A Theoretical, Historical, and Statistical Analysis of the Capitalist Process[M]. New York: McGraw-Hill.

DACIN M T, OLIVER C, ROY J P, 2007. The legitimacy of strategic alliances: an institutional perspective[J]. Strategic Management Journal, 28(2): 169-187.

DAMANPOUR F, 1991. Organizational innovation: a meta-analysis of effects of determinants and moderators[J]. Academy of Management Journal, 34(3): 555-590.

DAMANPOUR F, 1992. Organizational size and innovation[J]. Organization Studies, 13(3): 375-402.

DAS T K, TENG B, 2000a. A resource-based theory of strategic alliances [J]. Journal of Management, 26(1): 31-61.

DAS T K, TENG B, 2000b. Instabilities of strategic alliances: an internal tensions perspective[J]. Organization Science, 11(1): 77-101.

DE LUCA L M, ATUAHENE-GIMA K, 2007. Market knowledge dimensions and cross-functional collaboration: examining the different routes to product innovation performance[J]. Journal of Marketing: 95-112.

D'ESTE P, 2002. The distinctive patterns of capabilities accumulation and inter-firm heterogeneity: the case of the Spanish pharmaceutical industry [J]. Industrial and Corporate Change, 11(4): 847-874.

DHANARAJ C, LYLES M A, STEENSMA H K, et al. , 2004. Managing tacit and explicit knowledge transfer in IJVs: the role of relational embeddedness and the impact on performance[J]. Journal of International Business Studies, 35(5): 428-442.

DIERICKX I, COOL K, 1989. Asset stock accumulation and sustainability of competitive advantage[J]. Management Science, 35(12): 1504-1511.

DING L, VELICER W F, HARLOW LL, 1995. Effects of estimation methods, number of indicators per factor, and improper solutions on structural equation modeling fit indices[J]. Structural Equation Modeling: a Multidisciplinary Journal, 2(2): 119-143.

DUBINI P, ALDRICH H, 1991. Personal and extended networks are central to the entrepreneurial process[J]. Journal of Business Venturing, 6(5): 305-313.

DUNN S C, SEAKER R F, WALLER M A, 1994. Latent variables in business logistics research: scale development and validation[J]. Journal of Business Logistics, 15: 145-172.

DUTTA S, NARASIMHAN O M, RAJIV S. 2005. Conceptualizing and

measuring capabilities: methodology and empirical application[J].
Strategic Management Journal,26(3):277-285.

DYER J H,SINGH H,1998. The relational view: cooperative strategy and
sources of interorganizational competitive advantage[J]. Academy of
Management Review,23(4):660-679.

EISENHARDT K M,1989. Building theories from case study research
[J]. Academy of Management Review,14(4):532-550.

EISENHARDT K M,BROWN S L,1998. Time pacing: competing in markets
that won't stand still[J]. Harvard Business Review,76(2):59.

EISENHARDT K M,MARTIN J A,2000. Dynamic capabilities: what are
they? [J]. Strategic Management Journal,21(10-11):1105-1121.

EISENHARDT K M,SCHOONHOVEN C B,1996. Resource-based view
of strategic alliance formation: strategic and social effects in entrepreneurial
firms[J]. Organization Science,7(2):136-150.

FACCIO M,2006. Politically connected firms[J]. The American Economic
Review,96(1):369-386.

FAN P,2006. Catching up through developing innovation capability: evidence
from China's telecom-equipment industry [J]. Technovation, 26 (3):
359-368.

FINKELSTEIN S,HAMBRICK D C,1990. Top-management-team tenure
and organizational outcomes: the moderating role of managerial discretion
[J]. Administrative Science Quarterly:484-503.

FLORIN J,LUBATKIN M,SCHULZE W,2003. A social capital model of
high-growth ventures[J]. Academy of Management Journal,46(3):
374-384.

FOWLER F J, 2013. Survey research methods [M]. New York: Sage
publications.

FRESE M, BRODBECK F, HEINBOKEL T, et al. 1991. Errors in training computer skills: on the positive function of errors[J]. Human-Computer Interaction, 6(1): 77-93.

FRESE M, ZAPF D, 1994. Action as the core of work psychology: a German approach[M]//Triandis H C, Dunnette M D, Hough L M. Handbook of industrial and organizational psychology. Palo Alto, CA, US: Consulting Psychologists Press: 271-340.

FUNG H, XU X E, ZHANG Q, 2007. On the financial performance of private enterprises in China[J]. Journal of Developmental Entrepreneurship, 12 (4): 399-414.

GAO S, XU K, YANG J, 2008. Managerial ties, absorptive capacity, and innovation[J]. Asia Pacific Journal of Management, 25(3): 395-412.

GARGIULO, BENASSI, 1999. The dark side of social capital//LEENDERS, GABBAY, 1999. Corporate social capital and liability. Springer US: 298-322.

GAVETTI G, 2005. Cognition and hierarchy: rethinking the microfoundations of capabilities' development[J]. Organization Science, 16(6): 599-617.

GELETKANYCZ M A, HAMBRICK D C, 1997. The external ties of top executives: implications for strategic choice and performance[J]. Administrative Science Quarterly: 654-681.

GHISELLI E E, Campbell J P, ZEDECK S, 1981. Measurement theory for the behavioral sciences[M]. San Francisco: WH Freeman.

GOPALAKRISHNAN S, DAMANPOUR F, 1997. A review of innovation research in economics, sociology and technology management[J]. Omega, 25(1): 15-28.

GRAEBNER M E, 2009. Caveat venditor: trust asymmetries in acquisitions of entrepreneurial firms[J]. Academy of Management Journal, 52(3):

435-472.

GRANOVETTER M, 1973. The strength of weak ties[J]. American Journal of Sociology,78(5):1360-1380.

GRANOVETTER M, 1985. Economic action and social structure: the problem of embeddedness[J]. American journal of sociology:481-510.

GRANOVETTER M,1995. Getting a job:a study of contacts and careers [M]. Chicago:University of Chicago Press.

GREENWOOD R,SUDDABY R,2006. Institutional entrepreneurship in mature fields:the big five accounting firms[J]. Academy of Management Journal,49(1):27-48.

GREWAL R,DHARWADKAR R,2002. The role of the institutional environment in marketing channels[J]. Journal of Marketing:82-97.

GU F F,HUNG K,TSE D K,2008. When does guanxi matter?:issues of capitalization and its dark sides[J]. Journal of Marketing,72(4): 12-28.

GULATI R,NOHRIA N,ZAHEER A,2000. Strategic networks[J]. Strategic Management Journal,21(3):203-215.

GURISATTI P,SOLI V,TATTARA G,1997. Patterns of diffusion of new technologies in small metal-working firms:the case of an Italian region[J]. Industrial and Corporate Change,6(2):275-312.

GUTHRIE D,1998. The declining significance of guanxi in China's economic transition[J]. China Quarterly-London:254-282.

HABER S,REICHEL A,2005. Identifying performance measures of small ventures:the case of the tourism industry[J]. Journal of Small Business Management,43(3):257-286.

HAGEDOORN J,DUYSTERS G,2002. External sources of innovative capabilities: the preferences for strategic alliances or mergers and acquisitions[J]. Journal of management studies,39(2):167-188.

HALPERN D, 2005. Something for something Personal responsibility meets behavioural economics[J]. Public Policy Research, 12 (1): 22-29.

HAMBRICK D C,MASON P A,1984. Upper echelons:the organization as a reflection of its top managers[J]. Academy of Management Review,9(2): 193-206.

HANSEN E L, 1995. Entrepreneurial network and new organization growth. Entrepreneurship Theory and Practice,19(4):7-19.

HANSEN M T, 1998. Combining network centrality and related knowledge: explaining effective knowledge sharing in multiunit firms[J]. Working paper,Harvard Business School,Boston.

HANSEN M H,PERRY L T,REESE C S,2004. A Bayesian operationalization of the resource-based view[J]. Strategic Management Journal, 25 (13): 1279-1295.

HENARD D H,SZYMANSKI D M,2001. Why some new products are more successful than others[J]. Journal of marketing Research: 362-375.

HENDERSON R, COCKBURN I, 1994. Measuring competence? Exploring firm effects in pharmaceutical research[J]. Strategic Management Journal, 15(S1):63-84.

HILL C T,UTTERBACK J M,1979. Technological innovation for a dynamic economy[M]. New York:Pergamon Press.

HILLMAN A J,ZARDKOOHI A,BIERMAN L,1999. Corporate political strategies and firm performance:indications of firm-specific benefits from personal service in the US government[J]. Strategic Management Journal,20(1):67-81.

HITT M A,DUANE R,2002. The essence of strategic leadership:managing human and social capital[J]. Journal of Leadership & Organizational Studies,9(1):3-14.

HITT M A, HOSKISSON R E, IRELAND R D, et al. ,1991. Effects of acquisitions on R&D inputs and outputs[J]. Academy of Management Journal,34(3):693-706.

HOBDAY M,2005. Firm-level innovation models:perspectives on research in developed and developing countries[J]. Technology Analysis &Strategic Management,17(2):121-146.

HOOPES D G,MADSEN T L,WALKER G,2003. Guest editors' introduction to the special issue:why is there a resource-based view?:toward a theory of competitive heterogeneity[J]. Strategic Management Journal, 24 (10):889-902.

HOSKISSON R E, HITT M A, WAN W P, et al. ,1999. Theory and research in strategic management:Swings of a pendulum[J]. Journal of Management,25(3):417-456.

IRELAND R D, WEBB J W,2007. Strategic entrepreneurship:Creating competitive advantage through streams of innovation[J]. Business Horizons,50(1):49-59.

KAPLAN R S, 1984. The evolution of management accounting[M]// Readings in accounting for management control. Boston:Springer, MA:586-621.

KEMPER J,ENGELEN A,BRETTEL M,2011. How top management's social capital fosters the development of specialized marketing capabilities: a cross-cultural comparison[J]. Journal of International Marketing,19(3): 87-112.

KHWAJA A I, MIAN A, 2005. Do lenders favor politically connected firms? rent provision in an emerging financial market[J]. The Quarterly Journal of Economics,120(4):1371-1411.

KIRZNER I M,1978. Competition and entrepreneurship[M]. Chicago: University of Chicago Press.

KOC T,CEYLAN C,2007. Factors impacting the innovative capacity in large-scale companies[J]. Technovation,27(3):105-114.

KOGUT B,ZANDER U,1992. Knowledge of the firm and the evolutionary theory of the multinational corporation[J]. Journal of International Business Studies:625-645.

KOOLMAN G,1971. Say's Conception of the Role of the Entrepreneur [J]. Economica,38(151):269-286.

KOR,Y Y,MAHONEY J T,2005. How dynamics,management,and governance of resource deployments influence firm-level performance [J]. Strategic Management Journal,26(5):489-496.

KRAATZ M S,ZAJAC E J,2001. How organizational resources affect strategic change and performance in turbulent environments:theory and evidence[J]. Organization Science,12(5):632-657.

KRACKHARDT D,HANSON J R,1993. Informal networks[J]. Harvard Business Review,71(4):104-111.

LALL S,1992. Technological capabilities and industrialization[J]. World Development,20(2):165-186.

LANDRY R,AMARA N,LAMARI M,2002. Does social capital determine innovation? To what extent? [J]. Technological Forecasting and Social Change,69(7):681-701.

LANE P J,LUBATKIN M,1998. Relative absorptive capacity and interorganizational learning[J]. Strategic Management Journal, 19 (5):461-477.

LARSON A,1992. Network dyads in entrepreneurial settings:a study of the governance of exchange relationships[J]. Administrative Science Quarterly,76-104.

LAURSEN K,SALTER A,2006. Open for innovation:the role of openness in explaining innovation performance among UK manufacturing firms[J]. Strategic Management Journal,27(2):131-150.

LAVIE D, 2006a. Capability reconfiguration:an analysis of incumbent responses to technological change [J]. Academy of Management Review,31(1):153-174.

LAVIE D, 2006b. The competitive advantage of interconnected firms:an extension of the resource-based view[J]. Academy of Management Review,31(3):638-658.

LAWSON B,PETERSEN K J,COUSINS P D,et al. ,2009. Knowledge sharing in interorganizational product development teams:the effect of formal and informal socialization mechanisms [J]. Journal of Product Innovation Management,26(2):156-172.

LAWSON B, SAMSON D, 2001. Developing innovation capability in organisations:a dynamic capabilities approach[J]. International Journal of Innovation Management,5(03):377-400.

LEONARD-BARTOND,1992. Core capabilities and core rigidities:a paradox in managing new product development[J]. Strategic Management Journal, 13(S1):111-125.

LEVIN D Z,CROSS R,2004. The strength of weak ties you can trust:The mediating role of trust in effective knowledge transfer[J]. Management Science,50(11):1477-1490.

LI H,ATUAHENE-GIMA K,2001. Product innovation strategy and the performance of new technology ventures in China[J]. Academy of

Management Journal,44(6):1123-1134.

LI H,ZHANG Y,2007. The role of managers' political networking and functional experience in new venture performance: evidence from China's transition economy[J]. Strategic Management Journal, 28 (8):791-804.

LI J J,POPPO L,ZHOU K Z,2008. Do managerial ties in China always produce value? Competition, uncertainty, and domestic vs. foreign firms[J]. Strategic Management Journal,29(4):383-400.

LI J J,ZHOU K Z,SHAO A T,2009. Competitive position, managerial ties,and profitability of foreign firms in China:an interactive perspective [J]. Journal of International Business Studies,40(2):339-352.

LI P P, 2007. Social tie, social capital, and social behavior: toward an integrative model of informal exchange[J]. Asia Pacific Journal of Management,24(2):227-246.

LIN N,1999. Building a network theory of social capital[J]. Connections, 22(1):28-51.

LISBOA A, SKARMEAS D, LAGES C, 2011. Innovative capabilities: their drivers and effects on current and future performance[J]. Journal of Business Research,64(11):1157-1161.

LU Y, ZHOU L, BRUTON G, et al. , 2010. Capabilities as a mediator linking resources and the international performance of entrepreneurial firms in an emerging economy[J]. Journal of International Business Studies,41(3):419-436.

LUK C,YAU O H,SIN L Y,et al. ,2008. The effects of social capital and organizational innovativeness in different institutional contexts[J]. Journal of International Business Studies,39(4):589-612.

LUMPKIN G T,DESS G G,1996. Clarifying the entrepreneurial orientation construct and linking it to performance[J]. Academy of Management Review,21(1):135-172.

LUO X,CHUNG C,2005. Keeping it all in the family:the role of particularistic relationships in business group performance during institutional transition [J]. Administrative Science Quarterly,50(3):404-439.

LUO Y,CHEN M,1997. Does guanxi influence firm performance? [J]. Asia Pacific Journal of Management,14(1):1-16.

LUO Y,HUANG Y,WANG S L,2011. Guanxi and Organizational Performance: ameta-analysis[J]. Management and Organization Review,8(1):139-172.

MADHOK A,2002. Reassessing the fundamentals and beyond:Ronald Coase,the transaction cost and resource-based theories of the firm and the institutional structure of production[J]. Strategic Management Journal, 23(6):535-550.

MAHONEY J T,1995. The management of resources and the resource of management[J]. Journal of Business Research,33(2):91-101.

MAJUMDAR S K,1998. On the utilization of resources:perspectives from the US telecommunications industry[J]. Strategic Management Journal,19 (9):809-831.

MAKADOK R,2001. Toward a synthesis of the resource-based and dynamic-capability views of rent creation[J]. Strategic Management Journal,22(5):387-401.

MARITAN C A,PETERAF M A,2011. Invited editorial:building a bridge between resource acquisition and resource accumulation[J]. Journal of Management,37(5):1374-1389.

MATHEWS J A,2002. Competitive advantages of the latecomer firm:a resource-based account of industrial catch-up strategies[J]. Asia Pacific Journal of Management,19(4):467-488.

MCEVILY B,MARCUS A,2005. Embedded ties and the acquisition of competitive capabilities[J]. Strategic Management Journal,26(11): 1033-1055.

MEYER M H,UTTERBACK J M,1992. The product family and the dynamics of core capability[J]. Sloan Working Papers:77-92.

MILLER D,FRIESEN P H,1982. Innovation in conservative and entrepreneurial firms:two models of strategic momentum[J]. Strategic Management Journal,3(1):1-25.

MILLER D,SHAMSIE J,1996. The resource-based view of the firm in two environments: the Hollywood film studios from 1936 to 1965 [J]. Academy of Management Journal,39(3):519-543.

MONE M A,MCKINLEY W,BARKER V L,1998. Organizational decline and innovation: A contingency framework[J]. Academy of Management Review,23(1):115-132.

MOORE S,DANIEL M,GAUVIN L,et al. ,2009. Not all social capital is good capital[J]. Health &Place,15(4):1071-1077.

MORAN P,2005. Structural vs. relational embeddedness: social capital and managerial performance[J]. Strategic Management Journal,26 (12):1129-1151.

MOSAKOWSKI E,1998. Entrepreneurial resources,organizational choices, and competitive outcomes[J]. Organization Science,9(6):625-643.

MOWERY D C,OXLEY J E,SILVERMAN B S,1996. Strategic alliances and interfirm knowledge transfer[J]. Strategic Management Journal, 17,77-91.

MUMFORD M D,LICUANAN B,2004. Leading for innovation:conclusions, issues,and directions[J]. The Leadership Quarterly,15(1):163-171.

NAHAPIET J,GHOSHAL S,1998. Social capital,intellectual capital,and

the organizational advantage[J]. Academy of Management Review,
23(2):242-266.

NELSON R R,WINTER S G,1982. The Schumpeterian tradeoff revisited
[J]. The American Economic Review,72(1):114-132.

NELSON R R,WINTER S G,2002. Evolutionary theorizing in economics
[J]. The Journal of Economic Perspectives,16(2):23-46.

NEWBERT S L,2007. Empirical research on the resource-based view of
the firm: an assessment and suggestions for future research[J].
Strategic Management Journal,28(2):121-146.

NUNNALLY J C, BERNSTEIN I H, 1994. Psychological theory[M].
New York:McGraw-Hill.

OECD,1992. Technology,economy and productivity[S]. Paris:OECD.

OSTGAARD T A,BIRLEY S,1996. New venture growth and personal
networks[J].Journal of Business Research,36(1):37-50.

PAINE L,2010. The China rules[J]. Harvard Business Review,88(6):
103-108.

PALADINO A, 2007. Investigating the drivers of innovation and new
product success:acomparison of strategic orientations[J]. Journal of
Product Innovation Management,24(6):534-553.

PARK S H,LUO Y,2001. Guanxi and organizational dynamics:organizational
networking in Chinese firms[J]. Strategic Management Journal,22(5):
455-477.

PATTERSON F, 1999. Innovation potential predictor [M]. Oxford:
Oxford Psychologists Press.

PAYNE G T,MOORE C B,GRIFFIS S E,et al. ,2011. Multilevel challenges
and opportunities in social capital research[J]. Journal of Management,37
(2):491-520.

PENG M W, 2003. Institutional transitions and strategic choices[J]. Academy of Management Review,28(2):275-296.

PENG M W, HEATH P S, 1996. The growth of the firm in planned economies in transition: institutions, organizations, and strategic choice [J]. Academy of Management Review,21(2):492-528.

PENG M W, LUO Y, 2000. Managerial ties and firm performance in a transition economy: the nature of a micro-macro link[J]. Academy of Management Journal,43(3):486-501.

PENG M W,ZHOU J Q,2005. How network strategies and institutional transitions evolve in Asia[J]. Asia Pacific Journal of Management,22 (4):321-336.

PENROSE E T,1959. The theory of the growth of the firm[M]. New York:John Wiley & Sons,Inc.

PETERAF M A, 1993. The cornerstones of competitive advantage: a resource-based view [J]. Strategic Management Journal, 14 (3): 179-191.

PFEFFER J,SALANCIK G R. 1978. The external control of organizations: a resource dependence perspective[M]. New York:Harper & Row,1978.

PHILLIPS A. 1971. Technology and market structure: a study of the aircraft industry[M]. Lexington MA:D. C. Heath.

PINTO J K,PRESCOTT J E,1988. Variations in critical success factors over the stages in the project life cycle[J]. Journal of Management, 14(1):5-18.

PODOLNY J M,PAGE K L,1998. Network forms of organization[J]. Annual Review of Sociology,24:57-76.

PODSAKOFF P M,MACKENZIE S B, LEE J, et al. , 2003. Common method biases in behavioral research:a critical review of the literature and recommended remedies[J]. Journal of Applied Psychology, 88(5): 879-903.

PODSAKOFF P M, ORGAN D W, 1986. Self-reports in organizational research: problems and prospects[J]. Journal of Management, 12(4): 531-544.

PORTES A, 1995. The economic sociology of immigration: essays on networks, ethnicity, and entrepreneurship[M]. New York: Russell Sage Foundation.

PORTES A, 2000. The two meanings of social capital[M]. Berlin, Germany: Springer-Verlag, 1-12.

POWELL W W, KOPUT K W, SMITH-DOERR L, 1996. Interorganizational collaboration and the locus of innovation: networks of learning in biotechnology[J]. Administrative Science Quarterly: 116-145.

POWELL W, 2003. Neither market nor hierarchy[J]. The Sociology of Organizations: Classic, Contemporary, and Critical Readings, 315: 104-117.

PRAHALAD C K, HAMEL G, 1990. The core competence of the corporation [J]. Harvard Business Review, 68(3): 275-292.

PREACHER K J, HAYES A F, 2004. SPSS and SAS procedures for estimating indirect effects in simple mediation models[J]. Behavior Research Methods, Instruments, & Computers, 36(4): 717-731.

PRIEM R L, BUTLER J E, 2001a. Is the resource-based "view" a useful perspective for strategic management research? [J]. Academy of Management Review, 26(1): 22-40.

PRIEM R L, BUTLER J E, 2001b. Tautology in the resource-based view and the implications of externally determined resource value: Further comments[J]. Academy of Management Review, 26(1): 57-66.

PRIEM R L,RASHEED A A,2006. Reviewing as a vital professional service[M]//BARUCH,SULLICAN,SCHEPMYER. Winning reviews: a guide for evaluating scholarly writing. Basingstoke:Palgrave Macmillan.

QUINTANA-GARCÍA C,BENAVIDES-VELASCO C A,2008. Innovative competence, exploration and exploitation: the influence of technological diversification[J]. Research Policy,37(3):492-507.

RAGATZ G L, HANDFIELD R B, SCANNELL T V, 1997. Success factors for integrating suppliers into new product development[J]. Journal of Product Innovation Management,14(3):190-202.

RAO R S,CHANDY R K,PRABHU J C,2008. The fruits of legitimacy: why some new ventures gain more from innovation than others[J]. Journal of Marketing,72(4):58-75.

REED R,DEFILLIPPI R J,1990. Causal ambiguity,barriers to imitation, and sustainable competitive advantage[J]. Academy of Management Review,15(1):88-102.

RENKO M. CARSRUD A,BRÄNNBACK M,2009. The effect of a market orientation, entrepreneurial orientation, and technological capability on innovativeness:a study of young biotechnology ventures in the United States and in Scandinavia[J]. Journal of Small Business Management,47 (3):331-369.

REPENNING N P,STERMAN J D,2002. Capability traps and self-confirming attribution errors in the dynamics of process improvement[J]. Administrative Science Quarterly,47(2):265-295.

RILEY D, ECKENRODE, J, 1986. Social ties: subgroup differences in costs and benefits[J]. Journal of Personality and Social Psychology, 51(4):770.

ROMIJN H,ALBALADEJO M,2002. Determinants of innovation capability in small electronics and software firms in southeast England[J]. Research Policy,31(7):1053-1067.

ROTHWELL G,ROTHWELL R,ZEGVELD W. Reindustrialization and technology[M]. ME Sharpe,1985.

ROTHWELL R,1992. Successful industrial innovation:critical factors for the 1990s[J]. R&D Management,22(3):221-240.

ROTHWELL R,1994. Towards the fifth-generation innovation process [J]. International Marketing Review,11(1):7-31.

ROWLEY T J,1997. Moving beyond dyadic ties:a network theory of stakeholder influences[J]. Academy of Management Review,22(4): 887-910.

ROWLEY T,BEHRENS D,KRACKHARDT D,2000. Redundant governance structures:an analysis of structural and relational embeddedness in the steel and semiconductor industries[J]. Strategic Management Journal, 21(3):369-386.

RUMELT R P,1997. Towards a strategic theory of the firm[M]//Foss N J. Resources, firms, and strategies:a reader in the resource-based perspective. New York:Oxford University Press:131-145.

SALANCIK G R, PFEFFER J, 1978. A social information processing approach to job attitudes and task design[J]. Administrative Science Quarterly:224-253.

SCHEPERS J,SCHNELL R,VROOM P,1999. From idea to business: how Siemens bridges the innovation gap[J]. Research-Technology Management,42(3):26-31.

SCHMOOKLER J,1966. Invention and economic growth[M]. Cambridge, MA:Harvard University Press.

SCHUMPETER J A,1934. The Theory of economic development:an inquiry into profits, capital, credit, interest, and the business cycle[M]. New Brunswick. NJ, London: Transaction Publishers.

SCHUMPETER J A. 1939. Business cycles: a theoretical, historical and statistical analysis of the capitalist process[M]. New York: McGraw-Hill.

SCHUMPETER J A. 1942. Capitalism, socialism and democracy[M]. New York: Harper & Row.

SCOTTA, 1990. Ideology and the new social movements[M]. London: Unwin Hyman.

SCOTT W R, 1990. Symbols and organizations: from Barnard to the institutionalists[J]. Organization Theory, From Chester Barnard to the Present and Beyond, 38-55.

SEIBERT S E, KRAIMER M L, LIDEN R C, 2001. A social capital theory of career success[J]. Academy of Management Journal, 44 (2): 219-237.

SHANE S A, ULRICH K T, 2004. 50th anniversary article: technological innovation, product development, and entrepreneurship in management science[J]. Management Science, 50(2): 133-144.

SHENG S, ZHOU K Z, LI J J, 2011. The effects of business and political ties on firm performance: evidence from China[J]. Journal of Marketing, 75 (1): 1-15.

SHI W S, MARKÓCZY L, STAN C V, 2014. The continuing importance of political ties in China[J]. The Academy of Management Perspectives, 28 (1): 57-75.

SHU C, PAGE A L, GAO S, et al. , 2012. Managerial ties and firm innovation: is knowledge creation a missing link? [J]. Journal of Product Innovation Management, 29(1): 125-143.

SINGH R, 1998. Entrepreneurial opportunity recognition through social networks [D]. Chicago: University Of Illinois.

SIRMON D G, GOVE S, HITT M A, 2008. Resource management in dyadic competitive rivalry: the effects of resource bundling and deployment[J]. Academy of Management Journal, 51(5): 919-935.

SIRMON D G, HITT M A, 2003. Managing resources: Linking unique resources, management, and wealth creation in family firms [J]. Entrepreneurship Theory and Practice, 27(4): 339-358.

SIRMON D G, HITT M A, IRELAND R D, 2007. Managing firm resources in dynamic environments to create value: looking inside the black box[J]. Academy of Management Review, 32(1): 273-292.

SIVADAS E, DWYER F R, 2000. An examination of organizational factors influencing new product success in internal and alliance-based processes [J]. The Journal of Marketing: 31-49.

SOLO C S, 1951. Innovation in the capitalist process: a critique of the Schumpeterian theory [J]. The Quarterly Journal of Economics: 417-428.

SOLOW R M, 1957. Technical change and the aggregate production function [J]. The Review of Economics and Statistics, 39(3): 312-320.

SOUITARIS V, 2002. Technological trajectories as moderators of firm-level determinants of innovation[J]. Research Policy, 31(6): 877-898.

STIEGLITZ N, HEINE K, 2007. Innovations and the role of complementarities in a strategic theory of the firm[J]. Strategic Management Journal, 28(1): 1-15.

SUBRAMANIAM M, YOUNDT M A, 2005. The influence of intellectual capital on the types of innovative capabilities[J]. Academy of Management Journal, 48(3): 450-463.

SZAKONYI R, 1994. Measuring research-and-development effectiveness [J]. Research-Technology Management, 37(2): 27-32.

TEECE D J, 1986. Profiting from technological innovation: implications for integration, collaboration, licensing and public policy[J]. Research Policy, 15(6): 285-305.

TEECE D J, 1992. Competition, cooperation, and innovation: organizational arrangements for regimes of rapid technological progress[J]. Journal of Economic Behavior & Organization, 18(1): 1-25.

TEECE D J, 2006. Reflections on "profiting from innovation"[J]. Research Policy, 35(8): 1131-1146.

TEECE D J, PISANO G, SHUEN A, 1997. Dynamic capabilities and strategic management[J]. Strategic Management Journal, 18(7): 509-533.

THOMKE S, KUEMMERLE W, 2002. Asset accumulation, interdependence and technological change: evidence from pharmaceutical drug discovery [J]. Strategic Management Journal, 23(7): 619-635.

THOMPSON J D. 1967. Organizations in action: social science bases of administrative theory[M]. New York: McGraw-Hill.

THUN E, 2006. Changing lanes in China: foreign direct investment, local governments, and auto sector development[M]. Cambridge: Cambridge University Press.

TORTORIELLO M, KRACKHARDT D, 2010. Activating cross-boundary knowledge: the role of Simmelian ties in the generation of innovations[J]. Academy of Management Journal, 53(1): 167-181.

TSAI K, 2009. Collaborative networks and product innovation performance: toward a contingency perspective[J]. Research Policy, 38(5): 765-778.

TSAI Y C, 2006. Effect of social capital and absorptive capability on innovation in internet marketing[J]. International Journal of Management,

23(1):157.

TSAI W,GHOSHAL S,1998. Social capital and value creation:the role of intrafirm networks[J]. Academy of Management Journal,41(4):464-476.

TSANG E W,1998. Can guanxi be a source of sustained competitive advantage for doing business in China? [J]. The Academy of Management Executive, 12(2):64-73.

TSUI A S,SCHOONHOVEN C B,MEYER M W,et al. ,2004. Organization and management in the midst of societal transformation:the People's Republic of China[J]. Organization Science,15(2):133-144.

ULRICH D,BARNEY J B. 1984. Perspectives in organizations:resource dependence,efficiency,and population[J]. Academy of Management Review,9(3):471-481.

UTTERBACK J M,UHLMANN L,1979. Product and process innovation in a changing competitive environment[M]. London:Palgrave Macmillan.

UZZI B,1997. Social structure and competition in interfirm networks:the paradox of embeddedness[J]. Administrative Science Quarterly,35-67.

VAN DER PANNE G, VAN BEERS C, KLEINKNECHT A, 2003. Success and failure of innovation:a literature review[J]. International Journal of Innovation Management,7(3):309-338.

VENKATRAMAN N,RAMANUJAM V,1986. Measurement of business performance in strategy research:a comparison of approaches[J]. Academy of Management Review,11(4):801-814.

VERHAEGHE A, KFIR R, 2002. Managing innovation in a knowledge intensive technology organisation (KITO)[J]. R&D Management,32 (5):409-417.

WALDER A G,1995. Local governments as industrial firms:an organizational analysis of China's transitional economy[J]. American Journal of Sociology,263-301.

WANG C L,AHMED P K,2007. Dynamic capabilities:a review and research agenda[J]. International Journal of Management Reviews,9(1):31-51.

WANG C,LU I,CHEN C,2008. Evaluating firm technological innovation capability under uncertainty[J]. Technovation,28(6):349-363.

WARNER M, 1995. The management of human resources in Chinese industry[M]. New York:St. Martin's Press.

WERNERFELT B,1984a. A resource-based view of the firm[J]. Strategic Management Journal,5(2):171-180.

WERNERFELT B, 1984b. Consumers with differing reaction speeds, scale advantages and industry structure[J]. European Economic Review,24(2): 257-270.

WEST M A,1990. The social psychology of innovation in groups//WEST M A,FARR J L . Innovation and creativity at work: psychological and organizational strategies. Chichester:John Wiley.

WEST M A,WALLACE M,1991. Innovation in health care teams[J]. European Journal of Social Psychology,21(4):303-315.

WIKLUND J,1999. The sustainability of the entrepreneurial orientation-performance relationship[J]. Entrepreneurship theory and practice, 24(1):37-48.

WIKLUND J,SHEPHERD D,2003. Knowledge-based resources,entrepreneurial orientation,and the performance of small and medium-sized businesses [J]. Strategic Management Journal,24(13):1307-1314.

WILSON H I,APPIAH-KUBI K,2002. Resource leveraging via networks by high-technology entrepreneurial firms[J]. The Journal of High Technology Management Research,13(1):45-62.

WINTER S G, 2003. Understanding dynamic capabilities[J]. Strategic Management Journal,24(10):991-995.

WU W Y,CHANG M L,CHEN C W,2008. Promoting innovation through the accumulation of intellectual capital,social capital,and entrepreneurial orientation[J]. R&D Management,38(3):265-277.

XIAO Z,TSUI A S,2007. When brokers may not work:the cultural contingency of social capital in Chinese high-tech firms[J]. Administrative Science Quarterly,52(1):1-31.

XIN K K, PEARCE J L, 1996. Guanxi:connections as substitutes for formal institutional support[J]. Academy of Management Journal,39(6):1641-1658.

YIN R K,1981. The case study as a serious research strategy[J]. Science Communication,3(1):97-114.

YIN R K, 1982. Studying phenomenon and context across sites[J]. American Behavioral Scientist,26(1):84-100.

YIN R K,2003. Case study research:design and methods. New York:Sage Publications.

YIN R K,2004. The case study anthology[M]. New York:Sage Publications.

YLI-RENKO H,AUTIO E,SAPIENZA H J,2001. Social capital,knowledge acquisition,and knowledge exploitation in young technology-based firms[J]. Strategic Management Journal,22(6-7):587-613.

ZAHRA S A,IRELAND R D,HITT M A,2000. International expansion by new venture firms:international diversity,mode of market entry,technological learning,and performance[J]. Academy of Management Journal,43(5):925-950.

ZAHRA S A,SAPIENZA H J,DAVIDSSON P,2006. Entrepreneurship and dynamic capabilities:a review,model and research agenda[J].

Journal of Management Studies,43(4):917-955.

ZHANG Q,FUNG H,2006. China's social capital and financial performance of private enterprises [J]. Journal of Small Business and Enterprise Development,13(2):198-207.

ZHANG S,LI X,2008. Managerial ties,firm resources,and performance of cluster firms[J]. Asia pacific Journal of Management,25 (4):615-633.

ZHANG Y, LI H,2010. Innovation search of new ventures in a technology cluster: the role of ties with service intermediaries [J]. Strategic Management Journal,31(1):88-109.

ZHANG Y, ZHANG Z, 2006. Guanxi and organizational dynamics in China:a link between individual and organizational levels[J]. Journal of Business Ethics,67(4):375-392.

ZHENG W,2010. A social capital perspective of innovation from individuals to nations:where is empirical literature directing us? [J]. International Journal of Management Reviews,12(2):151-183.

ZOLLO M,WINTER S G,2002. Deliberate learning and the evolution of dynamic capabilities[J]. Organization Science,13(3):339-351.

ZOTT C,2003. Dynamic capabilities and the emergence of intraindustry differential firm performance:insights from a simulation study[J]. Strategic Management Journal,24(2):97-125.

附录

附录 1：访谈提纲

企业基本信息

1. 请介绍企业的发展历程以及现状概况。

2. 企业目前的业务构成（业务及产品线）状况如何？各个业务在行业竞争中地位如何及竞争优势的主要来源有哪些？

3. 企业的基本数据（员工人数、研发人员数量、研发投入、总资产或净资产等）与经营业绩变化趋势如何？〔尤其是近 5 年的年销售收入、税前利润（率）、新产品开发产值（率）、专利申请数及拥有数、年新产品开发数以及平均新产品开发周期等数据。〕

企业家/企业高管在创新中的作用

4. 企业家/企业高管是否经常与商业伙伴（比如同行业企业、供应商、用户）的高管人员接触？接触的频率如何？

5. 通过与商业伙伴的高管人员接触、交流，企业获得了哪些信息？这些信息对企业的创新有什么影响？请结合具体产品开发过程来说明。

6.企业家/企业高管是否经常与政府部门的工作人员（比如地方监管机构、地方政府）接触？接触的频率如何？

7.通过与政府部门接触,企业可以获取哪些资源？这些资源对企业创新有什么样的作用？请结合具体创新项目来说明。

8.企业家/企业高管在总体上是如何看待创新活动的？是否愿意在技术创新上进行比较长远的战略性投资？是否愿意承受风险？有没有成熟的方法来评估衡量某项技术创新的投资、风险与收益,从而进行决策？

9.企业家/企业高管对部门之间、员工之间的信息交换和共享的支持力度如何？员工之间是否会彼此分享成功经验和失败教训？具体有哪些途径？

企业资源积累和资源获取情况

10.企业在创新活动中资源投入的策略、原则和重点是什么？

11.企业的核心人员是如何获取/培养的？

12.企业人员流动情况如何？采用了什么样的方式来留住人才？效果如何？

13.企业内部是否存在一套比较完善的制度来积累、更新组织知识？请具体介绍。

14.企业对待成功或失败的结果（如成功、失败）持什么样的态度？采用了什么样的方式来总结成功或失败的经验？

15.企业如何鼓励员工获取、吸收和整合来自企业外部的信息？有哪些支持性举措？带来了什么样的组织结果？

附录2:调查问卷

"企业创新能力及其影响因素"调查问卷

尊敬的先生/女士:

您好!

非常感谢您在百忙之中抽出时间参与我们的调查!本问卷旨在研究企业创新能力及其影响因素间关系,答案无对错之分,请选择(电子版请用不同颜色标注)与实际情况最为接近的答案。您的回答对研究结论具有至关重要的影响。本问卷纯属学术研究之用,所获信息也绝不用于任何商业目的,请您放心并尽可能根据实际情况客观回答。如果您对本研究的结论感兴趣,请在问卷结尾处注明,并留下您的通信方式,届时我们会将研究成果及时发给您。

一、企业基本信息

1.名称: 2.成立时间:

3.企业所在地: 4.企业主营业务所属行业:

5.企业主营业务所处的行业目前处于

A.起步阶段   B.成长阶段   C.成熟阶段   D.衰退阶段

6.企业所有制类型为

A.国有独资或控股   B.民营

C.集体   D.外商独资或控股

E.其他

7.企业目前员工人数为

(请尽量提供客观数据.若不能提供,按以下选项选择)

A.50人以下   B.50人(含)~100人

C. 100 人（含）～300 人　　　　　D. 300 人（含）～500 人

E. 500 人（含）～1000 人　　　　　F. 1000 人（含）～3000 人

G. 3000 人（含）以上

8. 企业近三年年均营业收入为

（请尽量提供客观数据，若不能提供，按以下选项选择）

A. 300 万元以下　　　　　　　　　B. 300 万元（含）～1000 万元

C. 1000 万元（含）～2000 万元　　D. 2000 万元（含）～1 亿元

E. 1 亿元（含）～4 亿元　　　　　　F. 4 亿元（含）～10 亿元

G. 10 亿元（含）以上

9. 企业近三年年均研发投入占销售收入比重为

A. 0.5％以下　　　　　　　　　　　B. 0.5％（含）～1％

C. 1％（含）～2％　　　　　　　　　D. 2％（含）～5％

E. 5％（含）～8％　　　　　　　　　F. 8％（含）～10％

G. 10％（含）以上

10. 企业家受教育程度

A. 初中及以下　　　　　　　　　　B. 高中（中专）

C. 大专　　　　　　　　　　　　　D. 本科

E. 研究生及以上

11. 企业家在本行业的工作年龄为

A. 5 年以下　　　B. 5～10 年　　　C. 10～15 年　　　D. 15 年以上

12. 您对企业总体经营状况了解程度

A. 非常不了解　　B. 不太了解　　　C. 一般了解

D. 比较了解　　　E. 非常了解

二、企业管理者对创新的影响

请您根据贵企业实际情况与下列陈述的符合程度，在您最认同的数字上面打钩（或标示不同颜色）。数字含义如下：1 为完全不同意；2 为不同意；3 为不完全同意；4 为一般；5 为基本同意；6 为同意；7 为完全同意。

我们企业的高层管理者与 以下企业建立了良好关系	完全不同意↔完全同意						
供应商	1	2	3	4	5	6	7
客户	1	2	3	4	5	6	7
竞争者	1	2	3	4	5	6	7
我们企业的高层管理者与以下 政府机构建立了良好关系	完全不同意↔完全同意						
各级政府部门的官员	1	2	3	4	5	6	7
到目前为止,我们企业和当地政府官员的 关系发展良好	1	2	3	4	5	6	7
我们企业投入了较多的资源以建立和维 护与政府机关的良好关系	1	2	3	4	5	6	7

三、企业资源获取情况

请评价过去三年中, 企业获取下述资源的程变	完全不同意↔完全同意						
先进技术信息和技能	1	2	3	4	5	6	7
新产品(服务)开发信息和技能	1	2	3	4	5	6	7
市场信息和知识	1	2	3	4	5	6	7
企业管理技能	1	2	3	4	5	6	7
生产运作信息与知识	1	2	3	4	5	6	7
聘请外部有经验的专家,如行业专家、技 术骨干、管理人才等	1	2	3	4	5	6	7
从外部寻求和获取提高员工技能和知识 的培训机会	1	2	3	4	5	6	7
外部劳动力资源	1	2	3	4	5	6	7
以较低成本获取设备、原材料、厂房等 资源	1	2	3	4	5	6	7

请评价过去三年中， 企业获取下述资源的程度	完全不同意↔完全同意						
政府的资金或税收优惠	1	2	3	4	5	6	7
金融机构的贷款	1	2	3	4	5	6	7
风险投资机构的资金	1	2	3	4	5	6	7
通过外部技术合作获取资金	1	2	3	4	5	6	7

四、企业内部的环境特征

近三年来，我们企业	完全不同意↔完全同意						
高层管理者很重视创新	1	2	3	4	5	6	7
总是采用各种有效手段激励员工开展创造性活动和创新试验	1	2	3	4	5	6	7
坚信企业生存依赖于成功的创新活动	1	2	3	4	5	6	7
为获取领先地位，保证足够的研发经费用于新产品或新技术开发	1	2	3	4	5	6	7
持续监测市场需求变化趋势，识别和预测顾客未来的需求	1	2	3	4	5	6	7
经常先于竞争对手看到市场或技术机会并率先采取有效行动	1	2	3	4	5	6	7
在本行业通常率先提出新的创意或引进新的技术	1	2	3	4	5	6	7
倾向于选择高风险高回报的项目	1	2	3	4	5	6	7
面对产品、技术或市场的不确定性会做出大胆的决策	1	2	3	4	5	6	7
常常大胆尝试采用很多行动和重大举措以实现企业的目标	1	2	3	4	5	6	7
鼓励管理者和员工勇于承担业务风险和财务风险	1	2	3	4	5	6	7

五、企业所处的外部环境

近三年来,企业主营业务所处的 行业经历以下情况的程度	完全不同意↔完全同意						
激烈的价格竞争在我们行业是很普遍的现象	1	2	3	4	5	6	7
我们所处行业存在一些违法竞争行为,如非法仿制新产品、制造伪劣产品等	1	2	3	4	5	6	7
我们所处的行业存在一些不公平的竞争行为	1	2	3	4	5	6	7

六、企业创新能力情况

与同行业企业平均水平比较, 近三年我们企业	很低↔很高						
新产品(服务)的销售额	1	2	3	4	5	6	7
新产品(服务)的利润	1	2	3	4	5	6	7
新产品(服务)数量	1	2	3	4	5	6	7
新产品(服务)的开发速度	1	2	3	4	5	6	7
新产品(服务)开发的成功率	1	2	3	4	5	6	7

如果您对我们的研究结果感兴趣,请您留下联系方式:

电话: 电子邮件:

烦请检查填写是否完整,并请及时将问卷反馈给我们!

再次感谢您为我们所做的工作!

索引